地理学
本科专业教育教学改革
探索之路

主　编　张景秋　孟　斌
副主编　逯燕玲　杜姗姗

知识产权出版社
全国百佳图书出版单位

图书在版编目（CIP）数据

地理学本科专业教育教学改革探索之路/张景秋，孟斌主编 .—北京：知识产权出版社，2018. 11

ISBN 978-7-5130-5957-2

Ⅰ.①地…　Ⅱ.①张…②孟…　Ⅲ.①地理学—教学改革—研究—高等学校　Ⅳ.①K90

中国版本图书馆 CIP 数据核字（2018）第 262402 号

内容提要

北京联合大学应用文理学院城市科学系是在原北京大学分校地理系的基础上发展起来的，2018 年恰逢建系 40 周年。自 1978 年建立之始，即定位在为北京市城乡建设与发展服务培养综合型、应用型人才，为北京城乡发展解决实际问题服务。现有人文地理与城乡规划国家级特色专业建设点、北京市级特色专业以及地理信息科学专业，2018 年获批地理学一级学科学位硕士点，形成了以本科为主、兼顾研究生培养的地理学科人才培养体系。

城市科学系长期关注改革传统的教学方法，探索适应应用型大学的教学方法。近年来，为提高人才培养质量，城市科学系持续推动深化教育教学改革，提高教学水平、创新能力和人才培养质量，陆续实施产教融合、翻转课堂、成果导向教育（OBE）、双语课程建设、本科生导师制等课程改革和教学模式改革。本书共分五大部分，收录了人文地理与城乡规划、地理信息科学两个专业的教师近年来的教学改革探索成果，从教育教学改革、课程思政、课程建设三个方面进行总结，以及学生评教和学习成果展示。

责任编辑：张水华　　　　　　　责任印制：孙婷婷

地理学本科专业教育教学改革探索之路

主　　编　张景秋　孟　斌
副主编　逯燕玲　杜姗姗

出版发行：知识产权出版社有限责任公司		网　　址：http://www.ipph.cn	
社　　址：北京市海淀区气象路 50 号院		邮　　编：100081	
责编电话：010-82000860 转 8389		责编邮箱：46816202@ qq.com	
发行电话：010-82000860 转 8101/8102		发行传真：010-82000893/82005070/82000270	
印　　刷：北京建宏印刷有限公司		经　　销：各大网上书店、新华书店及相关专业书店	
开　　本：720mm×1000mm　1/16		印　　张：15	
版　　次：2018 年 11 月第 1 版		印　　次：2018 年 11 月第 1 次印刷	
字　　数：260 千字		定　　价：64.00 元	

ISBN 978-7-5130-5957-2

｜前　言｜

　　我国自 1999 年开始扩大普通高校本专科院校招生规模，由此我国高等教育逐渐由精英教育向大众化教育转变，高校也随之分化为侧重理论教学和科研能力培养的研究型大学与侧重于知识应用和技能培养的应用型大学。

　　北京联合大学是 1985 年经教育部批准成立的北京市属综合性大学，秉承"发展应用性教育，培养应用性人才，建设应用型大学"的办学宗旨，致力于培养适应国家特别是首都经济社会发展需要的高素质应用性人才，在国内应用型大学建设的理论探索和实践层面处于领先地位。

　　北京联合大学应用文理学院城市科学系是在原北京大学分校地理系的基础上发展起来的，2018 年恰逢建系 40 周年。自 1978 年建立之始，即定位在培养为北京市城乡建设与发展服务的综合型、应用型人才，为北京城乡发展解决实际问题服务。现有人文地理与城乡规划国家级特色专业建设点、北京市级特色专业，以及地理信息科学专业，2018 年获批地理学一级学科学位硕士点，形成了以本科为主、兼顾研究生培养的地理学科人才培养体系。

　　城市科学系长期关注改革传统的教学方法、探索适应应用型大学的教学方法。近年来，为提高人才培养质量，城市科学系持续推动深化教育教学改革，提高教学水平、创新能力和人才培养质量，陆续实施产教融合、翻转课堂、成果导向教育（OBE）、双语课程建设、本科生导师制等课程改革和教学模式改革。本书共分五大部分，收录了人文地理与城乡规划、地理信息科学两个专业教师近年来的教学改革探索成果，从教育教学改革、课程思政、课程建设三大部分进行总结，以及学生评教和学习成果展示。

目 录

Contents

三 第一部分 教育教学改革篇 三

第二部分　课程思政篇

第三部分　课程建设篇

第一部分　教育教学改革篇

人文地理与城乡规划专业"+文化"建设思路^❶

人文地理与城乡规划专业"+文化"建设思路[1]

张景秋[2]　　杜姗姗

【摘　要】本文探讨了北京联合大学应用文理学院教育部高等学校特色专业建设点人文地理与城乡规划专业"+文化"的整体思路,并从人才培养模式、人才培养目标、课程体系、教学方式方法四个方面探讨了近年来的建设情况。

【关键词】专业思政;专业+文化建设;人文地理与城乡规划专业

党的十八大报告提出,"要把立德树人作为教育的根本任务,培养德智体美全面发展的社会主义建设者和接班人"。2016 年年底,习近平在全国高校思想政治工作会议上指出,"要坚持把立德树人作为中心环节,把思想政治工作贯穿教育教学全过程,实现全程育人、全方位育人,努力开创我国高等教育事业发展新局面。要用好课堂教学这个主渠道,各类课程都要与思想政治理论课同向同行,形成协同效应"。2017 年 2 月,中共中央、国务院印发的《关于加强和改进新形势下高校思想政治工作的意见》指出,"充分发掘和运用各学科蕴含的思想政治教育资源,健全高校课堂教学管理办法"。2017 年10 月,在中国共产党第十九次全国代表大会上,习近平总书记指出,"不忘初心,方得始终。高校大学生作为社会主义事业的建设者和接班人,更要勇敢走在时代前列,成为奋进者和开拓者"。2017 年 12 月,教育部发布《高校思想政治工作质量提升工程实施纲要》,提出大力推动以"课程思政"为

---

❶　北京联合大学 2018 年度教育教学研究与改革委托项目:"专业思政"建设方案研究——人文地理与城乡规划管理专业(JJ2018Z012)的阶段性成果。

❷　张景秋(1967—),女,理学博士,北京联合大学教授,新世纪百千万人才工程北京市级人选,北京市长城学者。教授的主要课程有城市地理学、中外城市发展史纲等。主要研究方向为城市地理学、城市与区域规划。在国内外发表学术论文 50 余篇。

目标的课堂教学改革，优化课程设置，修订专业教材，完善教学设计，加强教学管理，梳理各门专业课程所蕴含的思想政治教育元素和所承载的思想政治教育功能，融入课堂教学各环节，实现思想政治教育与知识体系教育的有机统一。

这一系列文件为当前和今后高校课堂改革和思政工作指明了方向，许多高校正在积极进行"思想政治教育教学体系"的构建探索。北京联合大学应用文理学院以"+文化"为特色和抓手推进"课程思政"建设，"+"是加入、融入，"文化"主要包含优秀中国传统文化、北京地域文化和国际先进文化。通过"学科+文化""专业+文化""课程+文化"，以文化人，以文育人，通过在教学中融入健康和谐的发展理念，融入中国传统文化、北京地域文化和国际先进文化的文化内涵，使学生具有更明确的文化属性，传承和弘扬中华优秀文化、培养区域文化传承人才，进而实现立德树人的根本目标。

人文地理与城乡规划专业作为国家特色专业建设点、北京市特点专业，深入落实"+文化"教育，积极推进"学科+文化""专业+文化""课程+文化"，本文将就专业"+文化"教学改革的主要内容和成绩进行总结。

一、人文地理与城乡规划专业"+文化"的总体思路

在党的坚强领导下，全面贯彻党的教育方针，坚持马克思主义指导地位，坚持中国特色社会主义教育发展道路，坚持社会主义办学方向，立足基本国情，遵循教育规律，坚持改革创新，以凝聚人心、完善人格、开发人力、培育人才、造福人民为工作目标，培养德智体美劳全面发展的社会主义建设者和接班人，加快推进教育现代化、建设教育强国、办好人民满意的教育。

立德树人，必须把培养社会主义建设者和接班人作为根本任务，培养一代又一代拥护中国共产党领导和我国社会主义制度、立志为中国特色社会主义奋斗终生的有用人才。

要把立德树人融入思想道德教育、文化知识教育、社会实践教育各个环节；学科体系、教学体系、教材体系、管理体系要围绕这个目标来设计，教师要围绕这个目标来教，学生要围绕这个目标来学。

人文地理与城乡规划专业"+文化"重点从人才培养模式、人才培养目标、课程体系、教学方式方法进行"+文化"（见图1）。

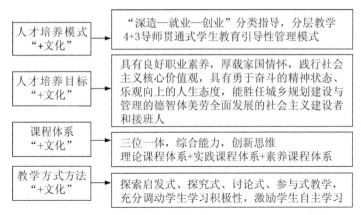

图1 人文地理与城乡规划专业"+文化"的整体思路

二、人文地理与城乡规划专业"+文化"的具体内容

(一) 人才培养模式"+文化"

1."深造—就业—创业"分类指导,分层教学

"三规合一":指以学生能力培养为主线,采取多源融合教育手段,形成"学生课业规划、学生学业规划、学生职业规划"为核心,最终统一纳入"以生为本"的教育思想和成效中来。"四年演进":指学生在校四年循序渐进不断线的阶段性培养目标,即一年级导师制,引导学生课业规划,启动学生自主学习机制,解决教学中"教与学"的问题;二、三年级专业集中实践和科技立项推动学生学业规划,触发学生创新精神,解决教学中"理论联系实际"的问题;四年级毕业实习落实学生职业规划,检验学生实践能力,解决教学中"课上与课下"的问题,最终实践"以生为本"的教育思想。

学生按照"专业—方向—个性"进行学业分流,再根据学生个性按照"深造—就业—创业"进行课业和职业的分类,实现对学生的分类指导、分层教学。

2.4+3导师贯通式学生教育引导性管理模式

北京联合大学应用文理学院自2016年开始招收考古学目录外文化遗产区域保护规划专业硕士研究生,自2018年开始招收地理学一级学科硕士研究生,2018年开始在本科生导师制基础上实行"4+3导师贯通式学生教育引导性管理模式"。本科生入学后根据老师们的研究方向和自己的专业爱好选择导师,本科4年参与导师的科研项目,本科毕业后考入本校研究生,继续跟随导师开展科研。

（二）人才培养目标"+文化"

传承优秀传统文化是大学的重要使命，制定合理的"+文化"人才培养目标是制定人才培养方案的重要基础。经过多轮研讨，确定人文地理与城乡规划专业的人才培养目标——培养掌握人文地理与城乡规划基本理论、基本方法，具有良好职业素养，厚载家国情怀，践行社会主义核心价值观，具有城市与区域调研、空间分析、规划设计和综合应用四个专业核心应用能力，具有勇于奋斗的精神状态、乐观向上的人生态度，能胜任城乡规划建设与管理的德智体美劳全面发展的社会主义建设者和接班人。

（三）课程体系"+文化"

瞄准专业发展前沿，面向专业方向应用和经济社会发展需求，借鉴国内外课程改革成果，按照可延续性原则——与之前的课程体系保持相对稳定，持续发展原则——面向专业方向应用和新要求进行调整，更新完善教学内容，优化课程设置，形成具有"+文化"特色的专业课程体系。

理论课程群：人文地理与城乡规划的基本理论、基本知识

实践课程群：人文地理方法手段+城乡规划基本技能

素养课程群：走读北京、人文北京、研究北京

1. 理论课程群

地方高校作为地方的"文化高地"，应成为地域文化传承链中的主要阵地及交流和弘扬国际先进文化的重要窗口。理论课程以"求真理、悟道理、明事理"为宗旨"+文化"，重点建设以下课程：

（1）自然地理学，经济地理学，人文地理学，城市地理学：中国范式

（2）地图学，地理信息系统：严谨作风

（3）城乡规划原理，规划设计类课程，土地与房地产类课程：解决问题

2. 实践课程群

结合专业特点和人才培养要求，改革实践教学内容，改善实践教学条件，创新实践教学模式，增加综合性、设计性实验，倡导自选性、协作性实验。配齐配强实验室人员，鼓励高水平教师承担实践教学。加强实验室、实习实训基地和实践教学共享平台建设。在原有包括鲁东大学、思源房地产公司在内的7个校外实习基地的基础上，近两年还与北京市国土局国土资源勘测规

划中心签订校外人才培养基地，为学生实践提供线下平台。

作为学校申报国家虚拟仿真实验中心的重要组成部分，城乡规划专业与地理信息科学专业共同完成了历史场景再现实验项目，为保障国家级虚拟仿真实验中心的顺利通过提供了坚实的基础。

专业实践教学课程《城乡规划管理综合实践》作为市级精品课程，在建设过程中，专业在原有递进式、模块化集中实践教学体系的基础上，2013—2014 年开始紧扣地理学科专业发展的前沿以及国家对大学教育共享资源库建设和虚拟仿真实践教学示范的倡导，重点建立了线上与线下相融合的实践实习平台，进一步扩展专业实践教学体系，立足全国首个高校"云 GIS"平台，整合线下的政产学研用项目资源数据与线上的城市要素时空模拟和虚拟现实教学科研平台，解决了专业实践教学中"只见课程，不见专业"的问题。

同时，利用"云 GIS"平台，加快教学资源库建设，并购买了部分北京城市专题数据，建设了北京城市要素资源库和教学平台，2016 年建设了首都发展时空模拟与规划设计实验室的线上平台，该平台为专业学生提供集中教学实践任务，完成了圆明园和颐和园相关要素的数据采集、存储和分析等教学任务。

下一步，实践课程群"+文化"主要对北京市精品课程《城乡规划管理实践》建设深化。

（1）认知实习：厚植爱国主义情怀，树立理想信念。

（2）生产实习：实践是检验真理的唯一标准。

（3）毕业实习：社会主义事业建设者和接班人的主人翁意识。

3. 素养课程群

生活在北京，就要爱北京；爱北京，就要了解北京；了解北京，就要认识北京的人文历史与自然地理，人文地理与城乡规划专业根据自身学科优势，开发了北京实践系列素养课程——人文北京、走读北京等课程，《人文北京》赋予北京文化生命力，让学生了解北京、认识北京文化的多元魅力；《走读北京》通过带领学生去实地体验，让北京千年文脉可触可感。

（四）教学方式方法"+文化"

更新教学观念，注重因材施教，改进教学方式，依托地理信息技术完善教学手段。积极探索启发式、探究式、讨论式、参与式教学，充分调动学生学习积极性，激励学生自主学习。促进科研与教学互动，及时把科研成果转化为教学内容。支持本科生参与科研活动，早进课题、早进实验室、早进团队。

1. 进行产学合作教学方式方法改革，尝试讨论式、参与式课堂教学改革

近两年，结合人文地理与城乡规划校级专业综合试点改革任务，围绕教育教学方式和产学合作教学模式的改革与讨论，以规划设计类课程群建设和3s技术与应用综合性课程建设为抓手，与中国城市规划设计院城乡研究所、超图公司、中测新图公司等校外单位合作，尝试产学合作教学方式与方法改革，在校外导师＋课程专题讲座的基础上，共同编写产学合作教材；同时，借助慕课、微课和翻转课堂等新教学思想的影响，结合专业课程和班级学生的特点，积极探索参与式和讨论式课程教学，以《城市要素调研方法与实务》课程为试点，尝试大班集中进行基本理论与方法教授，按任务分组课上讨论后进行课后调研与分析，再通过课上小组汇报实现课程的参与式和讨论式教学方式改革。

2. 教学科研互动的研究型教学

教师的科研和横向课题是应用地理学人才培养模式改革和教学内容改革的重要保障。专业教师一贯坚持学科专业一体化建设，以"科研促教学"已经成为专业教师明确的教学理念。目前，专业教师主持有4项国家自然科学基金面上项目，2项青年项目；2项市社科规划重点项目，4项市社科规划项目。此外，教师还积极拓展与校外企事业单位横向合作，为本科生提供实践的机会。

专业支持和吸纳本科生参与教师科研是专业的特色之一，除此之外，还积极指导学生申报大学生科技立项，从2014年到2018年合计48项（见表1）。教师指导本科生发表学术论文数量和质量也有显著提高，2002年以来共指导本科生在学术期刊上发表学术论文11篇，并指导学生积极参加中国地理学会、教育部专业教指委、超图主办的学科竞赛并获得优良成绩。

表1　2014—2017年人文地理与城乡规划专业学生科研项目立项情况

年度	"启明星"大学生科技创新项目			文科创新性实验项目	导师制下的本科生科研素养提升计划项目
	国家级	市级	校级		
2014	1	6	4	1	/
2015	1	4	2	3	/

续表

年度	"启明星"大学生科技创新项目			文科创新性实验项目	导师制下的本科生科研素养提升计划项目
	国家级	市级	校级		
2016	1	7	1	1	/
2017	1	1	9	/	/
2018	1	5	4	3	4

3. 带领学生参加文化带项目，服务北京文化中心建设

2016年，市发改委委托北京联合大学应用文理学院、北京学研究基地"北京西山文化带发展规划"项目，我系以此为契机积极参与到北京文化中心建设任务中，2016—2018年，由人文地理与城乡规划专业教师承担的北京文化带横向项目达到8项（见表2）。

表2 人文地理与城乡规划专业教师承担的北京文化带横向项目

序号	年度	北京文化带横向项目名称
1	2016	北京西山文化带发展规划
2	2017	北京西山永定河文化带保护发展规划
3	2017	海淀区西山永定河文化带保护发展规划
4	2017	石景山区西山永定河文化带保护发展规划
5	2018	门头沟区西山永定河文化带保护发展规划
6	2018	大兴区西山永定河文化带保护发展规划
7	2018	延庆区长城文化带保护发展规划
8	2018	丰台区西山永定河文化带保护发展规划

人文地理与城乡规划专业多位老师作为主要参加人积极投身北京文化带项目，并带领本科生参加横向项目，辅导学生申报科技创新项目立项、指导学生参与学科竞赛、撰写科研论文、参加学术会议，大幅度地提高本科生的实际动手能力和知识应用水平。

（1）指导毕业论文。教师们积极参与西山永定河文化带项目，并将自己对课题的思考设计成毕业论文题目（见表3）。

表3 应用文理学院各专业以西山永定河文化带为题目的2018届毕业论文数量

专 业	以西山永定河文化带为题目的2018届毕业论文数量	占总数量的比例
地理信息科学	3	16.67%
人文地理与城乡规划	9	50.00%
汉语	1	5.56%
历史	3	16.66%
新闻	2	11.11%
共计	18	100%

（2）申报科技创新项目立项

应用文理学院各系很多教师参与"北京西山文化带发展规划"项目，并带领本科生和研究生承担该项目的子课题，学生将自己承担的科研工作申报科技创新项目立项，人文地理与城乡规划专业关于西山的启明星立项有2项，其中国家级1项，校级1项；北京联合大学应用文科综合实验教学中心创新性实验项目3项，其中重点项目1项；导师制下的本科生科研素养提升计划项目4项。

未来，人文地理与城乡规划专业将不断深化专业建设"+文化"的特色，将学校学以致用的办学定位与立德树人的教育理念紧密结合，以专业思政建设为主旨，构建以课业规划、学业规划、职业规划为核心的"三规合一、四年演进"的人才培养模式，课程体系设置秉承"依托学科，面向应用"的宗旨，以学生学习效果为导向，强化政产学研用相结合的项目主导式实践路径，通过四年一贯制的递进式、模块化市级精品实践课程教授，拓展国际视野，培养具备城市与区域调研、空间分析、规划设计、综合应用四大专业核心能力的德智体美劳全面发展的社会主义接班人，在北京城乡规划、土地利用、房地产开发、城市管理、文化发展等领域践行学科专业与教学科研一体化协同发展之路，专业建设有品牌、见成效。

基于 OBE 理念的地理信息科学专业培养方案设计❶

孟斌❷

【摘 要】本文首先对 OBE 理念进行介绍，通过对国内多个院校地理信息科学专业的培养方案中培养目标和人才定位的比较，探讨基于 OBE 理念指导下北京联合大学地理信息科学专业培养方案设计，主要从学习成果设计、课程体系建设、教学策略确定、专业教学评价和学习目标达成五个方面对培养方案设计进行介绍。文章最后也对培养方案设计中存在的困难进行了探讨。

【关键词】OBE 理念；应用型专业；地理信息科学专业

地理信息系统（GIS）于 20 世纪 60 年代起源于加拿大，随着信息技术的快速发展，地理信息系统技术在国土、资源、城市规划、商业等众多领域得到广泛应用，人才需求也愈发迫切，地理信息科学专业人才培养发展也同样迅猛，据不完全统计，目前国内开设地理信息科学专业的本科院校有，但是随着技术更新节奏加快和市场快速发展，GIS 人才培养质量问题也愈发受到家长、学生以及用人单位等社会各界关注。

北京联合大学地理信息科学创立于 2007 年，目前办学 10 年有余，在办学实践中，一直坚持北京联合大学"学以致用"的办学理念，在人才培养目标和人才培养质量方面也追求适合联合大学特点的发展之路。近年来，随着 OBE 理念的引入，北京联合大学地理信息科学专业也在专业培养方案设计方面进行了新的尝试。

---

❶ 本文是北京联合大学 2018 年普通本科专业核心课程"地理信息系统"建设项目阶段性成果。

❷ 孟斌（1971—），博士，北京联合大学教授。教授的主要课程有地理信息系统、专业导论等。主要研究方向为地理信息科学、空间数据分析。在国内外发表学术论文 40 余篇。

一、OBE 理念解读

基于学习产出的教育模式（Outcomes-based Education，缩写为 OBE）最早出现于美国和澳大利亚的基础教育改革。20 世纪 80 年代到 90 年代早期，OBE 在美国教育界是一个十分流行的术语。OBE 被定义为"清晰地聚焦和组织教育系统，使之围绕确保学生在未来生活中获得实质性成功的经验"。澳大利亚教育部门把 OBE 定义为："基于实现学生特定学习产出的教育过程。教育结构和课程被视为手段而非目的。如果它们无法为培养学生特定能力做出贡献，它们就要被重建。学生产出驱动教育系统运行。"

在 OBE 教育系统中，教育者必须对学生毕业时应达到的能力及其水平有清楚的构想，然后寻求设计适宜的教育结构来保证学生达到这些预期目标。学生产出而非教科书或教师经验成为驱动教育系统运作的动力，这显然同传统上内容驱动和重视投入的教育形成了鲜明对比。从这个意义上说，OBE 教育模式可被认为是一种教育范式的革新。[1][2]

二、国内不同高校地理信息科学专业培养目标分析

教育部先后遴选了南京师范大学、首都师范大学、武汉大学、滁州学院、广西师范学院等高校的地理信息系统专业（现均已调整为教育部新的专业目录名称地理信息科学）作为国家级特色专业建设点，这些高校的 GIS 专业培养方案各具特色，对我们制定适合北京联合大学地理信息科学专业的培养方案具有重要借鉴意义。❶

（一）培养目标与人才定位分析

通过对几个国家级特色专业建设点的培养方案进行分析，可以看出各所院校在培养目标设计方面非常有特色，比如北京师范大学将人才定位于"精英人才"，而武汉大学和南京师范大学则定位于"高级专门人才"，这几所院校是国内地理信息科学专业排名前几位的学校，在"双一流"建设中也都榜上有名，其人才定位相对高端，与学校整体实力较为吻合。

首都师范大学和滁州学院都是地方性院校，尤其是滁州学院，学校综合实力有限，其人才定位"应用型专门人才"与 GIS 专业特点及学校定位则十

---

❶ 相关高校的培养方案均从高校官方网站下载，未能在广西师范学院官网找到地理信息科学专业培养方案，在后续分析中缺少广西师范学院数据。

分符合；而首都师范大学则定位于"较高综合素质的专业人才"，其强调"综合素质"也与首都师范大学近些年整体教学科研实力提升有较大关系。

对于我校 GIS 专业的培养方案，则在联合大学城市型、应用型大学的办学定位基础上，考虑到 GIS 专业具有的交叉学科特点，定位于"复合应用型人才"也具有一定的合理性。

总之，这几所院校地理信息科学专业的培养方案中（见表1），对毕业生的定位与其学校实力较为符合。但是，这样的人才定位和地理信息科学专业的人才需求是否吻合？我们可以进一步分析这些培养方案中对毕业生职业规划的描述，可以发现北京师范大学、南京师范大学、武汉大学和首都师范大学都将"（科学）研究"作为毕业生职业规划的重要内容。事实上，目前本科毕业生如果直接就业，其工作岗位与"（科学）研究"的关联性都会较弱，因为大量的硕士和博士研究生更可能去从事与"（科学）研究"相关的工作。

表1　不同高校 GIS 专业培养目标与人才定位比较

院校名称	理论素养	职业目标	人才定位
北京师范大学	具备地理信息科学基本理论、掌握遥感和地理信息系统技术基本技能	从事遥感和地理信息系统的研究、教学、应用软件与应用系统的开发，或继续攻读硕士、博士学位	精英人才
南京师范大学	具备 GIS、遥感与空间定位等基础理论与基本技能	科学研究、软件开发或教学工作，GIS 应用技术开发、生产管理和行政管理	高级专门人才
武汉大学	具备地理信息科学的基本理论、基本知识和开发技术	研究、技术开发、生产管理和行政管理	高级专门人才
滁州学院	熟练掌握地理信息系统、地图、测量、遥感、计算机等方面的理论、知识与技能	GIS 系统开发、项目实施以及相关研究与生产管理工作	应用型专门人才
首都师范大学	掌握地理信息技术及相关基础学科基本原理、基本方法、基本技能	教学科研、技术开发、应用生产管理和行政管理，或者继续攻读硕士、博士学位	较高综合素质的专业人才

续表

院校名称	理论素养	职业目标	人才定位
北京联合大学	具有良好的地理学和计算机技术基础理论及扎实的地理信息科学的专门知识，掌握位置服务、数据分析、遥感和卫星定位等现代高新技术，具备地理信息系统（GIS）综合应用、设计与开发的技能及初步的系统集成及管理能力	从事空间数据处理与分析、GIS 应用技术支持、应用系统技术开发的应用研究、技术开发或生产管理等工作	复合应用型人才

（二）毕业生基本要求分析

毕业生基本要求是对培养目标的细化，多数学校都是从知识掌握、能力培养以及素质发展等几大方面来描述，通过对这几个国家级特色专业建设点的毕业生基本要求进行分析，可以发现以下几个方面的特点：

（1）在知识掌握方面，几所进入"双一流"建设的院校对高等数学等基础理论学习提出了明确的要求，而首都师范大学和滁州学院则并没有明确提出高等数学方面的要求；同时，几所院校都强调了信息科学方面的要求。可以看出地理信息科学的知识范围较为宽广，其学业挑战性较高。

（2）能力培养方面，几所进入"双一流"建设的院校都在以 GIS 核心能力为中心基础上，根据本身学校的优势和传统，强调了相关学科能力的培养，如北京师范大学对遥感能力、南京师范大学对遥感、武汉大学对测绘能力的强调，并且要求进行一定的科学研究与撰写科学论文的训练，也与这些研究型大学的特点较为一致。而首都师范大学和滁州学院则都着重强调 GIS 的核心能力的要求。同时，多数学校都特地把熟练掌握一门外语的能力单独进行了表述。

（3）在素质发展领域，各个学校的文字表述差异最大，其中人文和科学素养、社会责任感、创新精神是主要关键词。同时，首都师范大学特地将体育健康与锻炼知识作为明确要求，具有一定的借鉴意义。

而我校在培养方案制定要求中，对毕业生基本要求规定也较为细致，GIS专业在能力要求的表述中，也基本从知识掌握、能力培养以及素质发展方面进行，较好地体现了学校办学定位和专业特点。

三、基于 OBE 实施要点的 GIS 专业培养方案设计

（一）OBE 的实施要点

OBE 强调如下 4 个问题：我们想让学生取得的学习成果是什么？为什么要让学生取得这样的学习成果？如何有效地帮助学生取得这些学习成果？如何知道学生已经取得了这些学习成果？OBE 的实施要点，或者说关键性步骤有以下 5 个[3]：

第一，确定学习成果。最终学习成果（顶峰成果）既是 OBE 的终点，也是其起点，学习成果应该可清楚表述和直接或间接测评，因此往往要将其转换成绩效指标。确定学习成果要充分考虑教育利益相关者的要求与期望，这些利益相关者既包括政府、学校和用人单位，也包括学生、教师和学生家长等。

第二，构建课程体系。学习成果代表了一种能力结构，这种能力主要通过课程教学来实现。因此，课程体系构建对达成学习成果尤为重要。能力结构与课程体系结构应有一种清晰的映射关系，能力结构中的每一种能力都要有明确的课程来支撑，换句话说，课程体系的每门课程要对实现能力结构有确定的贡献。课程体系与能力结构的这种映射关系，要求学生完成课程体系的学习后就能具备预期的能力结构（学习成果）。

第三，确定教学策略。OBE 特别强调学生学到了什么而不是老师教了什么，特别强调教学过程的输出而不是其输入，特别强调研究型教学模式而不是灌输型教学模式，特别强调个性化教学而不是"车厢"式教学。个性化教学要求老师准确把握每名学生的学习轨迹，及时把握每个人的目标、基础和进程。按照不同的要求，制定不同的教学方案，提供不同的学习机会。

第四，自我参照评价。OBE 的教学评价聚焦在学习成果上，而不是在教学内容以及学习时间、学习方式上。采用多元和梯次的评价标准，评价强调达成学习成果的内涵和个人的学习进步，不强调学生之间的比较。根据每个学生能达到教育要求的程度，赋予从不熟练到优秀的不同评定等级，进行针对性评价，通过对学生学习状态的明确掌握，为学校和老师改进教学提供参考。

第五，逐级达到顶峰。将学生的学习进程划分成不同的阶段，并确定出每阶段的学习目标，这些学习目标是从初级到高级，最终达成顶峰成果。这将意味着，具有不同学习能力的学生将用不同时间、通过不同途径和方式，

达到同一目标。

(二) 地理信息科学专业人才学习成果确定

根据 OBE 的理念，确定学习成果要充分考虑教育利益相关者的要求与期望，这些利益相关者既包括政府、学校和用人单位，也包括学生、教师和学生家长等。学习成果应该可清楚表述和可直接或间接测评，因此往往要将其转换成绩效指标。在 GIS 专业的培养方案制定中，通过和用人单位沟通，并对毕业生进行回访，对 GIS 专业毕业生要求描述如下：毕业生应具有地理学、计算机科学综合背景，兼有理工结合的复合性专业特色。毕业生应达到如下基本要求：

(1) 具有人文社会科学素养、社会责任感，能够在实践中理解并遵守职业道德和规范，践行社会主义价值观；

(2) 具有运用从事本专业相关工作所需的人文社会科学、自然科学知识的能力；

(3) 具备扎实的学科基础知识及本专业基本理论知识，了解地理信息科学前沿发展现状和趋势；

(4) 掌握空间信息采集、建库的基本技能；

(5) 具备空间数据综合集成和数字图像处理能力；

(6) 具备数字制图、可视化分析和地理空间数据综合分析能力；

(7) 具备地理信息系统开发的基本能力；

(8) 具有科学思维方法及综合运用所学科学理论和技术手段分析并解决本专业相关问题的能力；

(9) 掌握基本的创新方法，具有一定的创新意识和创业思维，在解决实际问题时能够综合考虑社会、健康、安全、法律、文化以及环境等因素；

(10) 了解与本专业相关的职业和行业的方针、政策和法律、法规，能正确认识本专业对社会经济可持续发展的影响；

(11) 掌握文献检索、资料查询及运用现代信息技术获取相关信息的基本方法；

(12) 具有一定的组织管理能力、较强的表达能力和人际交往能力以及团队合作能力；

(13) 具有自主学习和终身学习的意识，有不断学习和适应发展的能力；

(14) 具有一定的国际视野和跨文化交流及合作能力。

（三）地理信息科学专业课程体系构建

学习成果代表了一种能力结构，这种能力主要通过课程教学来实现。因此，课程体系构建对达成学习成果尤为重要。在 GIS 专业的培养方案制定中，我们确定了以地图学、地理信息系统、空间数据库、测绘学基础、数据结构、计量地理学、GIS 空间分析、遥感概论为主体的核心课程，这些核心课程和其他专业必修课和选修课共同对毕业生能力要求形成支撑。通过表 2 和表 3 可以看出，GIS 专业课程体系建设中，对实践能力非常重视，这也与培养方案中人才定位相一致。

表 2 "空间数据可视化分析"专业技能主要实践教学环节

专业核心应用能力	实践教学环节			
	教学环节名称	实践类型	学时（周）	考核形式
地理信息采集	地理信息系统	上机	32	考试
	空间数据库	上机	32	考试
	测绘学基础	实训	16	考试
	地图学	上机	16	考试
数字图像处理能力	遥感概论	上机	18	考试
	遥感数字图像处理	上机	24	考试
	遥感地学分析	上机	32	考查
	空间数据采集实习	实训	2（周）	考查
空间数据分析	GIS 技术与应用	实训	2（周）	考试
	计量地理学	上机	18	考试
	GIS 空间分析	上机	16	考查
	空间数据分析实习	实训	2（周）	考查
可视化技术	大数据分析与挖掘	上机	24	考查
	三维 GIS	上机	32	考查
	可视化技术与应用	实训	2（周）	考查
	毕业设计（论文）	实训	16（周）	考试

表3 "GIS应用开发"专业技能主要实践教学环节

专业核心应用能力	实践教学环节及综合性课程			
	教学环节名称	实践类型	学时（周）	考核形式
GIS软件应用	地理信息系统	上机	32	考试
	GIS技术与应用	实训	2（周）	考试
	GIS应用综合实习	实训	2（周）	考查
编程能力	C语言程序设计	实训	2（周）	考查
	数据结构	上机	24	考试
	空间数据库	上机	32	考试
	JAVA程序设计	上机	24	考试
组件式GIS开发	GIS算法	上机	32	考查
	旅游GIS设计	上机	32	考查
	GIS软件工程	上机	16	考试
WebGIS开发与应用	网页设计与制作	上机	24	考查
	计算机网络	上机	48	考查
	WebGIS设计	上机	48	考试

（四）地理信息科学专业教学策略确定

OBE特别强调学生学到了什么而不是教师教了什么，特别强调教学过程的输出而不是其输入，特别强调研究型教学模式而不是灌输型教学模式，特别强调个性化教学而不是"车厢"式教学。因此，在GIS各课程教学环节，强调根据课程特点制定教学策略，多数课程在探索"启发式"教学模式，部分课程在尝试"反转课堂"。

（五）地理信息科学专业教学评价

OBE的教学评价聚焦在学习成果上，而不是在教学内容以及学习时间、学习方式上。在具体评价过程中，OBE的教学评价采用多元和梯次的评价标准，评价强调达成学习成果的内涵和个人的学习进步，不强调学生之间的比较。根据每个学生能达到教育要求的程度，赋予从不熟练到优秀不同的评定等级，进行针对性评价，通过对学生学习状态的明确掌握，为学校和教师改进教学提供参考。在GIS专业教学实践中，全部课程都已改变以最后期末考试一次成绩作为最终成绩的做法，强调平时成绩在教学评价中的重要性。同时，结合GIS专业特点，鼓励采用上机考试、课程大作业等多种方式进行教学评价。

（六）地理信息科学专业学习目标达成

OBE 理念将学生的学习进程划分成不同的阶段，并确定出每阶段的学习目标，这些学习目标是从初级到高级，最终达成顶峰成果。这就意味着，具有不同学习能力的学生将用不同时间、通过不同途径和方式，达到同一目标。在 GIS 培养方案中，多数毕业要求均有多门课程支撑，这些课程在不同学期展开，渐次提升学生相关能力培养，逐渐达成整体教学目标。

虽然在培养方案制定过程中，我们试图去践行 OBE 的教育教学理念，但实际执行过程中还是存在一些不足，主要表现在以下方面：

第一，学习成果设定层面，由于 GIS 相关行业十分广泛，不同行业对 GIS 能力需求的共性特征和差异性并存，为突出学校办学特点，我们在成果设定层面不得不做出一些权衡和取舍。但这个结果就是部分同学（可能是极少数）的需求难以满足，如部分同学对 GIS 开发有强烈兴趣，但由于人数较少，部分选修课不能开设，这和 OBE 强调每一个同学的需求都应尽可能满足会存在一些矛盾。

第二，在教学评价层面，目前的教学评价体系中，虽然已经力促考核方式多元化，通过增加平时成绩比重等方式，但如何实现达成学习成果的内涵评价和个人的学习进步评价还是存在很多困难。另外，目前的学生评教的指标体系有失简单，教师难以通过这个评教体系发现学生学习状态的问题和原因。

第三，学习目标达成层面，目前的 GIS 专业培养方案中对于阶段性目标的设计有所欠缺。虽然围绕特定目标，设计有一组课程，渐次提升相关能力，但由于课程教学内容之间的无缝连接存在较大难度，对目标达成存在不利的影响。

总之，贯彻 OBE 理念，其核心还是课程体系组织，只有在每一门课程中充分体现 OBE 的思想，整个专业的培养方案才能有自己的特色。

参考资料

[1] 顾佩华，胡文龙，林鹏，等. 基于"学习产出"（OBE）的工程教育模式——汕头大学的实践与探索 [J]. 高等工程教育研究，2014（01）：27-37.

[2] 姜波. OBE：以结果为基础的教育 [J]. 外国教育研究，2003（03）：35-37.

[3] 李志义，朱泓，刘志军，等. 用成果导向教育理念引导高等工程教育教学改革 [J]. 高等工程教育研究，2014（02）：29-34，70.

应用型大学科研反哺教学的途径探索与实证检验❶

张远索❷

【摘　要】科研与教学可以相互促进、协同发展，本文探索了应用型大学科研反哺教学的途径。包括将科研素材转变为教学案例、以科研素材和成果为主要内容编写相关教材、组织学生参加科研项目和科研竞赛、通过发表学术论文等激发学生的科研成就感等。以北京联合大学人文地理学教师科研项目反哺教学做法为例，对上述途径进行了验证。进一步发现，就应用型大学而言，将科研素材和案例转化为教学案例、教材，组织学生参加社会实践和科研作品竞赛，辅导学生撰写调研报告、学术论文等，能激发学生的学习热情和课堂知识理解能力，提高学生实践水平，进而提高教学效率和效果。

【关键词】应用型大学；科研反哺教学；途径；实证；北京联合大学

随着教育教学改革的不断深入和各级各类研究项目的设立开展，越来越多的高校教师更加精准地把握科研与教学的关系。教学与科研不是割裂对立的关系，而是可以相辅相成，协同推进。以教学促进科研，在教学中发现需要深入研究的问题，掌握学生和社会所需，更科学合理地确定科研立项的目标和任务；科研可以掌握学科前沿，对相关问题进行深入研究，进行实地调研与访谈，掌握实践案例与数据素材，可以很好地丰富教学内容，进而实现科研对教学的反哺。不少学者探索了科研反哺教学问题，但多数集中在科研与教学的关系[1]、科研反哺教学的可行性[2]、科研反哺教学的功效[3]等方面。有小部分学者专门就科研反哺教学的途径进行了研究，如营造科研氛围，促

❶　项目来源：北京联合大学 2017 年教育教学研究与改革项目 "科研成果转化为教学案例的理论研究与实证检验"。北京联合大学 2018 年度教育教学研究与改革委托项目："专业思政" 建设方案研究——人文地理与城乡规划管理专业（JJ2018Z012）的阶段性成果。

❷　张远索（1977—），男，博士，北京联合大学教授，北京市长城学者。教授的主要课程有土地评价与土地管理、资产评估、市场营销等。主要研究方向为土地管理、房地产经营管理。在国内外发表学术论文 50 余篇。

进科研与教学结合、准确进行科研定位，促进科研与专业结合、打造科研团队，培养高水平教师群体、积累科研资源，创造科研条件、创新科研机制，营造科研环境[4]；提出把科研精神融入教育理念、将科研方法转化成教学手段、把科研平台拓展为教学条件、以科研成果（进展）丰富教学内容、把科研设计导入教学实验[5]；总结出了理论引申深化教学内容、案例剖析丰富教学模式、专题讲解透析前沿动态和导师帮扶推进科学研究等转化机制[6]，等等。以上研究成果为进一步推动科研反哺教学工作提供了思路指导，但对北京联合大学这样的应用型大学而言，这些措施多数失之宽泛。本文拟结合实践经验，探索应用型大学科研反哺教学的有效途径。

一、应用型大学科研反哺教学的途径分析

应用型大学是指以应用型为办学定位，而不是以科研为办学定位的本科高等院校，以本科教育为主，与学术型大学概念相对。但这样的定义可能会让人产生误解，将应用型教育与科研相对立。事实上，对于一所高校到底是学术型大学还是应用型大学，主要看学术性和应用性哪个起决定作用。如前所述，两者相辅相成，可协同推进。实践证明，从学术性和应用性的关系看，学术水平越高，其应用能力也越强。因此，应用型大学要提升应用水平，也要从提高学术水平开始。同时，在科研反哺教学的过程中还要体现出应用性。按照这一标准，应用型大学科研反哺教学的途径主要有以下几条：

一是科研素材可以转变为教学案例。这里所谓的科研素材包括项目研究过程中梳理的理论成果、实地调查与访谈素材资料等，按照教学所需，将这些素材作为授课过程中的鲜活案例，可以有效地吸引学生的注意力，激发其对本门课程的兴趣，提高其学习效率和知识掌握程度。尤其是实地调研产生的图片、照片、视频、数据、政策与模式材料等，都可以转化为很好的教学案例。通过研究多个项目，可搜集与课程不同知识点相关的科研素材，这样在教学过程中，可以保证绝大多数章节都可以有相关的案例可讲。这些案例是独创的、专享的，而不是网上扒的、从别人那里要的，同时，由于是亲自研究，对这些案例素材的来龙去脉一清二楚，对这些素材的逻辑关系也轻车熟路。在这种情况下，课堂教学的吸引力、针对性和教学效果很明显会得到提高。最重要的是，这种来自于实践的案例，对应用型大学的教师培养应用性人才是非常见效的。

二是以科研素材和成果为主要内容，编写相关教材。项目研究过程中梳理的理论成果、调研素材与案例、项目研究成果等，都可以成为相关教材的部分内容。如果一个领域的项目研究较多，素材和成果多，则可以成为一本教材的主体内容。现在多数教材的内容都是抄来搬去，重新组合，当然作为教材而言也无可厚非，教材本来就是把本门课程应该有的知识点通过一个特定的体系组合起来。最好的教材是体系完整，深入浅出，能让学习者感兴趣、易接受。而以项目调研素材和研究成果为主要内容的教材，可以很好地达到以上标准。如果编写者就是该门课的主讲教师，效果无疑会更好。很明显地，这样的教材最适合北京联合大学这样的应用型大学，目前北京联合大学也非常需要这样的教材。

三是组织学生参加科研项目和科研竞赛等。结合本科生导师制、书院制等，吸引和组织部分对科研项目感兴趣的同学参加项目研究的全过程，或实地调研、报告撰写等重要环节，可以很好地培养学生的科研思维和能力，对提高其学习相关课程的兴趣和成绩不无裨益。如有的学生会在课堂汇报、课程大作业等大篇幅地介绍其参与的项目和研究心得，这对于课程的学习和深入了解是很有好处的。组织学生参加科研竞赛，则更能激发学生对本门课程相关知识点的学习热情。如参加辩论赛、"挑战杯"科技作品竞赛等活动，很明显可以实现培养学生的科研能力、提高学生的课程学习效果两个目标。在这条途径中，开始先组织对项目研究表现出兴趣的学生，以起到示范带动作用。在此基础上，可以通过这些学生的现身说法，由他们去给其他同学做介绍，做动员，吸引更多的学生参与到科研项目和科研竞赛中来，进而实现大学尤其是应用型大学培养人才的目标。

四是通过发表学术论文等激发学生的科研成就感。对多数学生而言，在本科阶段，能以作者身份发表学术论文，是一件非常值得自豪和有成就感的事情。项目负责人应该利用学生参与课题研究的机会，多给学生介绍学术论文的写作套路与技巧等，在培养学生科研能力的同时也激发其兴趣。学生对此问题感兴趣，并且能亲自操刀撰写学位论文，说明其自身对此问题有了一定的理解。再进行类似知识点学习时，或者撰写相关学术论文再遇到类似话题时，或者是工作以后遇到这样的实际问题时，学生就会很感兴趣，并且很可能进行深入交流、提出自己的观点。从这个意义上讲，对科研感兴趣、具备一定的科研能力，与成为实践性、应用性人才没有任何矛盾。

二、一个科研反哺教学的实证

作为典型的应用型大学，北京联合大学实施"学术立校、人才强校、开放兴校"战略以来，更加重视各级各类项目的组织申报、研究转化，逐步实现了教学科研良性互动，教学科研两不误，不断推进内涵式发展，正踏步迈向建设高水平、有特色、北京人民满意的城市型、应用型大学的目标。笔者在北京联合大学工作十几年来，主持过几项土地管理、住房市场分析等领域的项目。在实践中，对上述科研反哺教学的几条途径也进行了验证。笔者主持完成北京市属高等学校青年拔尖人才培育计划项目，项目名称为"北京郊区城镇化进程中集体土地增值收益分配：理论建模与实证检验"，研究周期为 2013 年 1 月至 2015 年 12 月。项目相关素材和研究成果有力地促进了本科教学和人才培养。

（一）梳理项目素材和成果，转化为教学案例

将本项目研究过程中的调研素材和研究成果，转化为教学案例。比如在研究本项目背景时，梳理了北京市土地供应情况，根据文字和数字表述，制成了表 1。转化为讲述土地供应问题的一个案例，进而结合城市土地市场层次、土地储备、土地一级开发、土地闲置、土地交易等内容进行系统讲解。学生在理解上述知识点的前提下，再进行其他相关内容的讲解，起到了很好的效果。再比如，在讲述农用地转用报批时，展示课题调研资料"省级人民政府建设用地批件样例"（见图 1），并以此调研素材作为案例进行讲解。事实证明，将部分项目素材和成果转化为教学案例，会提高教学效果。

表 1　案例材料：北京市 2005—2016 年土地供应计划（单位：公顷）

年份	土地供应总量	新增建设用地	经济适用房	廉租房	公共租赁房	限价房	定向安置房	商品房
2005	6500		296					1851
2006	6500	3900	300					1600
2007	6300 以内	3500 以内	220			180		1200
2008	6100 左右	3500 以内	400			300		1000
2009	5700 左右	3300 以内	200		400			700
2010	6400 左右	3200 以内	200	50		1000		1250
2011	6500	3200 以内	130（含中央单位）	300		200	700	1220
2012	5700	2800 以内	140（含中央、军队）	160		100	450	850

续表

年份	土地供应总量	新增建设用地	经济适用房	廉租房	公共租赁房	限价房	定向安置房	商品房
2013	5650	2770 以内	135（含中央、军队）	155		65	445	850（含中小套型 370）
2014	5150	2500 以内	100		58	171	321	1000（含自住型 500）
2015	4600	2100 以内	70（含中央、军队）	33		103	244（含棚改）	750（含自住型）
2016	4100	1850 以内	其他 80（含中央、军队）		15		255（含棚改 112）	850（含自住型）

山东省人民政府建设用地批件

公开方式：主动公开　　　　鲁政土字〔2012〕747 号

题目	山东省人民政府 关于济阳县2012年第四批次城镇建设用地的批复					
申请文件	济阳县2012年第四批次城镇建设用地呈报申请书（济阳政土呈字〔2012〕4号）					
用地面积（公顷）		农用地 合计	农用地 其中耕地	建设用地	未利用地	总计
	集体	22.4191	20.8105			22.4191
	国有					
	总计	22.4191	20.8105			22.4191
	土地所属	济阳县崔寨镇青宁村、回河镇南街村、济北街道五里墩居委会、马官寨村、蔡家村				
批复意见	同意将济阳县上列农用地转为建设用地并征收，总计22.4191公顷，用于城镇建设。 二〇一三年六月二十五日 土地审批专用章					
主送	济南市人民政府					
抄送	国家土地督察济南局，省国土资源厅、发展改革委、财政厅，济阳县人民政府。					

图 1　省级人民政府建设用地批件样例

（二）整合项目素材成果，形成教材重要内容

将本项目研究过程中分类梳理的政策文件、赴各地调研的案例资料、提炼总结的理论成果等按照教材的文风要求加以调整，构成了 2016 年 6 月编写出版的教材《土地管理：理论与实践》里面重要的内容，为地租、地籍管理、土地权属管理、城乡土地市场管理、农用地转用与土地征收、耕地保护与相关制度等章节提供了丰富的素材和理论支撑。作为北京联合大学人文地理与城乡规划专业集中实践教材，本教材在总结土地管理基础理论、政策的同时，注重运用相关课题研究成果和案例素材，强化土地管理制度政策的现势性、趋势解读以及实践任务的布置。结合城市科学系学生特点和就业需求，在借鉴既有教材、著作的基础上，将本教材主线确定为"土地管理基础—地籍管理—权属管理—市场管理—利用管理"，帮助城市科学系人文地理与城乡规划专业的学生提高了土地管理知识获取、实践应用、思维创新等方面的能力，为其毕业后从事相关工作打下良好基础。

（三）以项目调研为契机，组织学生参加社会实践与科技竞赛

在本项目研究的任务推动和经费支持下，笔者组织城市科学系多名学生参加实地调研，对昌平区北七家镇城镇化程度及其土地利用问题进行了深入调研，形成了相关调研报告。参加了学校暑期实践奖项评选，在此基础上，又进一步对北七家镇新农村建设情况进行补充调研，并参加了首都大学生课外学术科技作品竞赛。在项目调研方案与调查问卷设计、实地调查与访谈、资料整理与小组研讨等环节中，参加本项目研究的学生体现出高涨的科研热情、清晰的研究思路，最终形成高质量的调研报告。调研成果获学校 2013 年暑期社会实践优秀成果奖，学生调研团队荣获学校同年暑期社会实践优秀团队二等奖，张静雨同学荣获学校同年暑期社会实践优秀个人，笔者也荣获学校同年暑期社会实践优秀指导教师称号。后续调研报告荣获 2015 年"挑战杯"首都大学生课外学术科技作品竞赛三等奖。以项目调研为契机，组织学生参加社会实践、科技作品竞赛等，在内生动力、目标任务、思路方案、调研经费等多方面都有更好的保障，更可能取得良好效果。

（四）以项目为抓手，培养学生科研兴趣与能力

在项目研究过程中，笔者组织多名本科生参与项目方案研讨、资料收集、实地调研以及调研报告撰写。参加本项目研究的本科生体现出很浓厚的科研

兴趣，多名学生主动写作学术论文。在此过程中，学生发表学术论文3篇。另外，张静雨、丁冬想、崔亚凝、刘文泽、王凯汐、王晓燕等同学都顺利考上了研究生。从本项目的实践看，以项目为抓手，吸引和组织学生参加项目研究，能很好地培养学生的科研兴趣，提高其科研能力。

三、结语

教学与科研不相矛盾，两者相辅相成，相互促进，教学可以为科研发现新课题，科研可以为教学提供很多新鲜素材和案例，可以说科研是教学的助推器。合理利用科研素材和案例，可以很好地提高教学效果。就应用型大学而言，在将科研素材和案例转化为教学案例、教材的同时，多组织学生参与课题研究，多参加社会实践和科研作品竞赛，有意识辅导学生撰写调研报告、学术论文等，能在培养学生科研能力的同时，拓展学生视野，激发学生学习热情和课堂知识理解能力，提高学生实践水平，进而提高教学效率和效果，实现应用型大学培养应用性人才的目标定位。

参考资料

［1］谢阳斌，桑新民. 如何在"双一流"建设中促进科研与教学协同发展——国际教学学术运动的深层反思与战略谋划［J］. 教育发展研究，2018（7）：8-15.

［2］丁良喜，曹莉. 应用型大学科研反哺教学可行性探索与优化建议［J］. 教育与职业，2018（9）：106-109.

［3］张明斗，莫冬燕. 基于应用型高等教育的科研反哺教学策略研究——兼论高校教学评价制度［J］. 宜春学院学报，2017，36（3）：145-149.

［4］张登宏. 高职院校科研反哺教学路径研究［J］. 职业技术教育，2010，31（17）：75-78.

［5］吴正平，周清萍，王向义. 高校科研反哺教学的途径［J］. 宜春学院学报，2011，33（4）：170-171.

［6］余烨，肖拥军，王莉. 科研成果转化为教学资源的探索［J］. 当代教育理论与实践，2018，10（2）：76-79.

牢固树立教学工作中心地位，提高应用性教育教学质量❶

李琛❷

【摘　要】以教学为中心是教师的基本职责，"学以致用"是我校的基本办学宗旨，本文结合旅游专业的教学实践，提出牢固树立教学工作中心地位，提高应用性教育教学质量的四大举措：第一，加强双师型教师和兼职教师队伍建设；第二，以职业能力为前提，提高培养目标的实用性；第三，以教学为中心是每个教师的基本职责，以学生为中心是教学工作的核心指导思想；第四，要讲究教学方法和教学艺术。

【关键词】教学工作；应用性；教学质量

以教学为中心是教师的基本职责，"学以致用"是我校的基本办学宗旨，本文结合旅游专业的教学问题谈一谈教师应如何提高认识，如何将发展应用型教育贯穿到教学当中。旅游业是一个跨学科的行业，旅游业人才发展的大趋势是人才的多样化，旅游高等职业教育的培养目标是培养技术应用型高级旅游专业人才，其教学模式应具有专业设置的灵活性、培养目标的实用性、教学方法的实践性等三个特点，为此，在教学中必须注意以下几个方面。

一、加强双师型教师和兼职教师队伍建设

建设一支具有较高教学水平和丰富实践经验的双师型师资队伍，是办好高等职业教育的重要保证。要制定有利于引导教师向双师型发展的政策措施，

---

❶ 北京联合大学 2018 年度教育教学研究与改革委托项目："专业思政"建设方案研究——人文地理与城乡规划管理专业（JJ2018Z012）的阶段性成果。

❷ 李琛（1974—），女，博士，北京联合大学副教授。教授的主要课程有旅游规划、旅游地理学、区域规划、城市规划等。主要研究方向为旅游地理学。发表论文 30 余篇，参编专著 2 部，主持北京市自然科学基金、北京学研究所等多项科研项目，主持或参与"中部六省旅游发展总体规划""长江三峡旅游发展总体规划""河北省承德市旅游发展总体规划""山东省菏泽市牡丹区旅游发展总体规划"等近 50 项地方政府及企业委托咨询项目。

对现有的中青年教师进行实践锻炼和职业技能培训，逐步达到双师型的标准；要选派教师到国内外有关高校和全国高职师资培训基地进修学习，提高教学水平和职业技能；有计划地安排教师到实践岗位上去锻炼学习，使教师能掌握现代教育技术和手段。逐步建立和健全教师资格制度以及教师培训制度，努力营造教师成长的良好环境。专业课和实践课教学的教师应是第一线的专家。兼职教师队伍建设，对于发展高等职业教育，已不是一项权宜之计，而是一项改变学校教师结构、适应人才培养和专业变化的需要，应该予以鼓励。

二、以职业能力为前提，提高培养目标的实用性

旅游职业教育的应用性，要求必须对确定的专业技术岗位应具备的能力进行分析，并以此为前提来确定本专业学生的培养方案与标准，明确学生的应知应会，包括项目、内容、等级标准、培养措施和达成期限，力求做到按需培养、学用一致。

由于旅游业是实践性很强的行业，它要求从业人员既要有一定的理论知识，又要有实际操作技能。这就要求教学必须强调以技能教育为中心。

首先体现在课程设置上，课程设置必须有利于学生掌握基本理论、基础知识和基本技能。一方面要突出知识体系的逻辑性，就是前、后续课程的安排要科学合理，学科间重复内容必须有所侧重，详略得当，合理使用课时；另一方面要突出技能操作，就是把技能课纳入正规课程体系中，与专业理论课相辅相成。这方面有些国外院校已积累了丰富经验，如美国的康奈尔大学旅馆管理学院则以综合大学为依托，照顾旅游专业综合性的实际，在课程设置、学时分配等方面充分体现既注重基础理论，又突出特色，只要有利于掌握一技之长，达到理论与实际相结合的目的，充分尊重学生意愿；瑞士洛桑学院主要是传统与现实并重，理论与现实相结合，强调实践教学，边学边做，实践课学时约占 50% 左右，使学生在实践中掌握旅游专业技能。

其次体现在实践教学环节上，实践教学包括参观、实训、实习。参观是对行业、职业的认识，实训是技能的形成，实习是技能的提高。职业技术教育必须适当增大实践教学课时数的比例。在基础理论课和基本技能课的安排比重上，应明确基础课为专业技能课服务，在专业技能课中，更多一些情景演示、模拟操作。此外，加强产校结合，既是实践教学的需要，也是促进旅游高职教育发展的要求。一方面与企业合作有利于人才质量标准完善。适应社会需要的人才，是符合质量标准的。据有关报道，人才需求的热点已经集

中在能够开展基层工作、具有组织和管理才能的次高级技术人员。因此，旅游高等职业教育应该"以综合素质为基础，以技能过硬为特长"作为人才培养的质量定位。与企业合作办学，能够更切实地感受到社会对人才质量的需求，从而更好地完善人才培养的质量标准。另一方面与企业合作有利于教育模式的改进和人才培养模式的创新。企业是最了解职业岗位群的职业需求者，旅游职业教育又是密切联系社会经济实际的教育，只有与企业合作办学，旅游职业教育才有生机和活力，才具备随时进行调整的条件。也就是以职业技术能力为中心的课程设计思想加上企业的参与，能够使课堂教育随时反馈职业技术、技能的发展变化，及时调整和更新内容并注重课程建设的实用性和前瞻性，真正改进教育模式和人才培养模式。

三、以教学为中心是每个教师的基本职责，以学生为中心是教学工作的核心指导思想

以教学为中心，保证并提高教学质量是每个教师的基本责任，以学生为中心是教学工作的核心指导思想。为此，必须做好以下几点。

1. 备课阶段

备课是讲好一门课程的第一个阶段，也是最重要的一个阶段。在这一阶段要强调的是，教师熟悉所讲授内容是基础，但不是重点，应该将备课的重点放在思考以下问题：当学生面对陌生的内容时，如何引导学生的思路，使学生理解所讲授的内容，这一点非常重要。在每一个知识点，应尽可能列举浅显易懂的例子。对于一些在概念上比较复杂的内容，应首先建立整体概念，并用举例的方式来引导，让学生有了初步的理解后，再进入细节，尽可能将复杂问题简化。

2. 授课过程

（1）注重课堂反映

在授课过程中，一定要注重学生的课堂反映。通过观察学生的眼神和表情基本上可以判断学生对所授内容的理解程度，这一反馈信息很重要，教师应根据该信息做出是否需要重复、强调前述内容的决定，或者调整讲述的节奏等。

（2）换位思考

所谓换位思考，指在课程的讲授过程中，经常将自己放在学生的位置上，对一些难点和重点，想一想如果自己是学生，会有什么疑问，并及时予以解答。实际上，这种换位思考在备课阶段就应该进行，并在课堂讲授时，以提问的方式向学生提出来。这样既可以解答疑难问题，又可以起到不断激发学生思考的作用。否则，可能会造成这样一种情况：学生脑海中有不少疑问，已经难以理解，但教师却不断介绍后面的内容，严重时，学生可能产生抵触情绪而不愿意听课。

（3）对普遍性问题要及时回应

每节课后，要了解学生对教学的反应，对个别同学的问题，可个别解答，对于普遍性问题，在下一节课进行重新讲述。

（4）适时总结

每讲完一章，要对该章的内容进行总结，包括重点、难点、基本概念。此外，在总结中，需要特别说明本章内容与其他章节内容的关系以及在整个课程中的地位，使学生始终有整体观念，也便于对课程内容的深入理解。

（5）强调基本概念

课堂上，教师的作用在很大程度上是引导学生学习，而学生需在课后认真看书和复习，才能真正掌握其内容。大学生有一定的（或较强的）自学能力，因此，让学生正确深入地理解基本概念，自学就比较容易。如果基本概念不清楚，即便通过死记硬背，取得不错的考试成绩，但并没有真正掌握课程内容，也不利于其他相关课程的学习。

（6）内容讲透

应该多向学生讲授"为什么"，而不仅仅是"是什么"。一方面，"是什么"往往比较直观、容易理解，另一方面，在很多情况下，学生对"为什么"的关注程度往往高于"是什么"。

四、讲究教学方法和教学艺术

要保证课堂教学的质量首先得让学生想听课，让学生感到不枯燥，因此需要注意以下几点。

第一，按照"做什么？为什么做？怎样做"的思路进行课堂讲授，即要让学生清楚地理解要学什么内容（即做什么），为什么要学这部分内容（即为什么做），然后才是内容本身（即怎样做），如果对学什么内容和为什么要学这部分内容都不理解，往往就会造成难以理解内容本身或者对内容不感兴趣。

第二，教师必须熟悉自己所讲的内容，才能在讲课时语言流畅，这需要在备课阶段进行充分准备。教师的每一次讲授也是对自身讲授方法的学习过程和总结过程，结合从课堂和课外所收集的反馈信息，不断修正其教学方法、内容组织、表述方式等。

第三，讲课要有激情，以自己的目光、声音（不同的声调、语速等）、手势、动作来感染学生。

第四，讲课要思维清晰、重点突出、条理性好。要让学生听懂，就得讲清来龙去脉。多举例，能帮助学生更好地理解。还要注意在讲授原理的基础上融入新技术。

第五，增加课堂教学的互动性。在课堂上可以采用让学生小范围讨论、回答问题、在黑板上解题等方式，活跃课堂气氛，变被动学习为主动学习。

第六，采用电子教案与板书相结合的教学手段。电子教案的信息量大，并能生动、形象地演示某些工作原理和工作过程。板书则可以为学生保留一定的思考空间。应将电子教案与板书相结合，不断提高电子教案的质量，讲课时不要一次展示出整板内容，而是在讲到某处时才展出有关内容，就像板书一样，使学生把注意力集中在当前的内容上，同时，要结合板书举例或进行说明。

 参考资料

［1］陈秉钊. 中国城市规划教育的双面观［J］. 规划师，2005（7）：5-6.

［2］唐子来. 不断变革中的城市规划教育［J］. 国外城市规划，2003（3）：1-3.

［3］袁书琪，韩卢敏. 试论创建中国特色的旅游科学学科［J］. 科学学研究，2004（12）：34-37.

房地产行业人才需求变化对人文地理与城乡规划专业培养方案调整完善的启示❶

孙颖❷　周英莺❸

【摘　要】北京联合大学应用文理学院城市科学系建立以来，培养方案历经数次调整，专业方向、主干学科、核心课程都有过多次修改，学生的就业去向也因此而变化。本文根据人文地理与城乡规划专业历版培养方案和二十多年的就业数据，总结房地产行业人才需求的演变特点，分析学生在不同培养方案指导下的就业变化规律，根据就业形势的新情况，为培养方案的完善和就业工作提出自己的意见。

【关键词】房地产；人文地理与城乡规划；培养方案

北京联合大学应用文理学院城市科学系自改革开放以来，一直把培养应用型人才作为自己的首要任务，自 20 世纪 90 年代起为北京市培养房地产市场急需的专业人才，二十多年来共为北京市房地产行业输送数百名毕业生，其中很多成为行业中坚人才。为了能够全面客观掌握城市科学系人文地理与城乡规划专业以往历届毕业生在房地产领域的就业去向，特对毕业生在房地产行业就业的实际情况及其演变过程进行了调查，对房地产行业人才需求变化给人文地理专业培养方案的调整带来的影响做出总结，提出优化课程设置和培养模式的几点建议。

一、二十多年来北京房地产行业人才需求变化历程

计划经济时期，土地和投资归国家和集体所有，城镇住房是分配的福利

---

❶ 北京联合大学 2018 年度教育教学研究与改革委托项目："专业思政"建设方案研究——人文地理与城乡规划管理专业（JJ2018Z012）的阶段性成果。

❷ 孙颖（1971—），女，硕士，北京联合大学讲师。教授的主要课程有房地产法规、房地产金融等。主要研究方向为房地产市场政策法规。

❸ 周英莺，女，学士，北京联合大学应用文理学院人文地理与城乡规划专业 2017 届毕业生。

之一，对于普通居民来说，尽管存在住房短缺，但不存在房地产市场，也就没有真正的房地产行业，北京作为首都也概莫能外，也就谈不上房地产人才的培养。1986年《土地管理法》正式以法律的形式确定了国有土地有偿使用制度，土地所有权、使用权分离，为土地一级市场的形成奠定了制度基础。到20世纪90年代初，土地有偿使用制度的细则逐渐完善，土地有偿出让进入了操作层面。

1996—2001年，房地产行业进入初创期，住房福利分配制度逐渐收缩，货币化分房方案启动，住房短缺人口开始用市场化的方式解决自己的住房问题，购房需求增加。当时在北京，能够从各种渠道拿到土地就可以成立房地产公司，北京的房地产开发企业数量越来越多，而对应的人才培养体制却并不完善。1998年住房公积金制度正式建立，北京本地各类房地产公司具有开发优势，尚没有外地公司可与北京公司竞争，1999年北京房地产开发经营总公司（后更名为天鸿集团）在回龙观开发的经济适用房住宅区面向社会公开发售，因需求有限销售并不火爆。

2003年土地市场规范化政策出台，要求政府所有经营性出让土地一律以竞争性的"招拍挂"方式公开竞争取得，提高了房地产市场拿地的门槛，是政府抑制房地产过热的又一有力措施，也给外地开发商进入北京打开大门，加大了市场竞争，靠关系拿地的方式得到遏制，珠江、富力、万科、金地等南方开发商来到北京争夺市场份额，这些外地公司因为对人才的重视拉动了行业薪资水平的提高，房地产行业对人才的吸引力提升，各个专业毕业的名校本科生、研究生开始进入这个行业。

2002—2011年，中国经济高速成长，北京、深圳、上海作为房地产一线城市成为各大地产商特别是上市公司的必争之地，地王频现，调控之下涨势仍难以遏制。2011年北京开始限购，2017年史上最严厉调控令出台，标志着政府对房价上涨进行严格控制的决心，也结束了地产的黄金时代，行业开始挤去泡沫，进入二手房交易占主体的成熟市场时代。可供开发的一级市场用地不断减少，房地产行业进入转型期，对人才的需求也更为精细和专业化。

具体来看，房地产行业主要有6类岗位：项目发展岗、战略拓展岗、成本管理岗、采购管理岗、策划岗和市场营销岗。

项目发展岗主要负责行业研究与投资管理。行业研究需从宏观上对公司城市发展规划、政策经济环境等进行分析，另外还需通过收集土地市场、竞争对手等信息，对项目投资进行可行性分析。与之匹配的专业为城乡规划、土地资源管理、经济学、房地产经营管理、金融资产管理、工商管理和会计学。

战略拓展岗为发展岗的辅助部门，协助发展部门完成各项工作并进行阶段性监控。成本管理岗对项目成本进行基本管理，包括现场定价、预决算管理、资产评估等，岗位要求经济类、评估类专业毕业生的背景。

采购管理岗必须熟悉房地产行业开发流程，负责撰写招标采购计划书、招标文件，参与权责范围内的发标、开标以及合同谈判等工作。要求有较强的对外谈判能力和监控能力。

策划岗又具体细分为前期定位策划和推广营销策划。前期策划通过市场调研，对项目本体价值进行提炼总结，再展开项目概念定位和产品设计；推广营销策划主要是在项目进行的各个阶段推出全媒体广告方案和促销策划方案。

市场营销岗负责塑造品牌形象，通过线上线下活动营造销售气氛，制造卖点，全程参与项目销售策略制定，根据销售情况不断进行调整。要求从业者热爱销售工作，了解房地产市场行情。

从 20 多年的就业市场实践来看，房地产市场发展的前 10 年，企业规模普遍不大，行业对人才的专业性要求不高，项目发展岗、策划岗和市场营销岗都有就业机会提供给我校培养的学生。但进入 21 世纪，随着北京市场房地产公司集中度的提高、上市公司的增加，名校的本科生和研究生被房地产行业的高薪和发展机会所吸引，我校地理专业毕业的学生在项目发展岗的就业机会明显减少，但在房地产评估、房地产营销策划等岗位仍有充足的就业机会。

二、人文地理与城乡规划专业培养方案的调整过程

1978 年，为给北京市培养急需的本科层次人才，北京市创建了北京大学分校，市领导要求，分校与总校三个一样，即培养目标、教学计划和教学方式与要求都要与北大一样，其专业设置也照搬北大，设有数学系、中文系、外语系、物理系、化学系、生物系、地理系。这个时期的分校地理系没有自己独立的师资，没有也不需要自己制定培养方案，与北大的师资相同，课程设置也是经典地理系的课程。这种设想在实践中遇到了重重矛盾，包括专业设置和就业的出路问题无法解决。其中最突出的问题是就业，分校是为北京市培养应用人才和管理人才，北京市是否需要这么多地理专业人员？时任地

理系主任的卢培元教授经过反复调查研究和论证，广泛征求市有关部门和用人单位的意见，根据北京市经济社会发展需要，大胆改革，1983 年北大分校地理系设置"区域规划与管理"本科专业方向，培养以经济地理为基础的城乡规划与管理高级专门人才。1985 年在全国高校中第一个将地理系改成应用地理系，将系名改为"城市与区域科学系"（北京大学 1988 年才将地理系改为"城市与环境学系"），摒弃了北大地理系传统的自然地理、经济地理、地貌与第四纪地质学专业，设置了全新的"城镇规划与管理"专业，修改了课程设置，明确分校地理系主要培养应用地理——城市与区域规划管理人才，发挥学科优势，培养当时最紧缺的通才式的管理人才，这个指导思想也为后来专业向房地产方向的转型奠定了基础。❶

（一）1995 版培养方案特色

1988 年，按照教育部的统一要求，专业名称更改为"经济地理与城乡区域规划"。进入 20 世纪 90 年代后，已经并入北京联合大学应用文理学院的地理系敏锐把握住了新兴房地产行业的用人需求，对专业方向和培养方案进行了调整，从城镇规划与管理向房地产经营与管理转型。1993 年，文理学院的"城市与区域科学系"在全国率先设置"房地产经营与管理"专业方向，为北京市培养急需的房地产专业人才。

从 1995 年的培养方案可以看出，当时的城市与区域科学系经济地理学与城乡区域规划专业（房地产经营与管理方向），目标是培养"掌握经济地理学、城乡区域规划和房地产经营与管理的基本理论、基本知识和基本技能，能在城乡、区域、国土规划和城市经济、区域经济以及房地产开发、经营与管理等方面从事科研、教学及管理工作的应用型专门人才"，强调专业把"地理学、经济学和建筑学"作为三大基础，设有房地产、城乡区域规划和城市景观规划设计三个选修专业方向，重视实习和实践环节，四个年级都有实习，二年级的实习为社会经济调查，三年级为在企业的生产实习（见表1）。从二、三年级的实习内容来看，1985—1990 年，主要是对昌平、怀柔等区县进行城镇体系调查或土地详查。从 1991 年开始有了北京市住房解困试点调查、住宅小区调查、房地产专家咨询系统设计工作、中房指数等楼盘调查，实践

---

❶ 卢培元. 一个应用地理学系——城市与区域科学体系的诞生 [J]. 经济地理，1987，7（2）：149-154.

内容向房地产行业转移。❶

表 1　1995 版培养方案专业基础课程、专业方向课和实践课

系专业基础必修课	地理学基础	自然地理学、生产力布局、人文地理学、环境学导论、城市化与城镇体系、城市地质学
	经济学基础	西方经济学、社会经济统计、会计学原理
	建筑学基础	房屋建筑学、施工识图与制图、建设工程概算
	方法课	地图与制图、计算机概论、空间经济数学方法
专业方向限选课	房地产经营与管理方向	城市规划原理、总图设计、居住区规划、土地评价与管理、房地产经济、房地产经营、房地产金融、房地产管理、房地产估价
	城乡区域规划方向	地理信息系统、旅游规划、北京规划与建设、区域分析与规划、可行性研究、房地产法规、房地产英语、资产评估、专题讲座
实践环节	一年级教学综合实习（2 周 2 学分），二年级社会经济调查（3 周 4 学分），三年级生产实习（4 周 7 学分），四年级毕业论文	

（二）2002 版培养方案特色

1999 年，按照教育部新颁布的本科专业目录，本科专业名称改为"资源环境与城乡规划管理"。与 1995 版培养方案相比，2002 版培养方案明确把专业方向区分为两个：房地产经营与管理、城乡规划与管理；培养目标调整为：培养具备城乡规划管理、房地产经营与管理的基本理论、基本知识和基本技能，具有较强实践能力，能在企事业单位、行政管理部门、教育和科研机构从事房地产经营、城乡建设、企业策划等方面的市场调研、开发经营、规划管理、咨询评估、教学科研等工作的应用型、复合型高级专门人才，同时注重实践经验和交流表达这两个核心能力的训练。强调毕业生应具备的专业实践能力包括市场调研、建筑与规划制图、房地产实务操作等实际动手能力。从就业的角度看，2002 版培养方案把房地产经营与管理置于城乡规划与管理之前，把企业就业放在行政事业单位之前，而且细化到房地产经营、城乡建设和企业策划等方面的市场调研、开发经营、规划管理、咨询评估等具体岗位，充分说明了培养方案对学生在房地产行业特别是企业就业的重视。

---

❶　北京联合大学应用文理学院教学计划方案 1995 版（城市与区域科学系经济地理学与城乡区域规划专业房地产经营与管理方向）。

从课程设置来看，除了地理学的专业课程以外，密切联系实际的专业基础课程有房屋建筑学、会计学基础、施工识图、城市规划、财务管理、居住区规划设计、建筑工程概预算、市场调研方法与实务（见表2）。专业方向指选课每位学生至少选一组，每组对应一个专业方向。此外还开设资产评估、三维立体制图、三维建筑效果及室内装饰、广告策划入门等任选课。这些专业必修和指选、任选课程应用性较强，与规划管理、房地产行业的实际工作直接联系，相互补充，对工作实践有较强的指导意义。

表2　2002版培养方案专业基础课程、专业课程、专业方向指选课

专业基础课程	高等数学、线性代数、概率论与应用统计、空间经济数学方法、自然地理学、经济地理学、环境学概论、经济学基础、管理学概论、地图学与基本制图法、房屋建筑学、会计学基础、遥感概论	
专业课程	城市地理学、城市规划、区位论、财务管理、地理信息系统、施工识图、居住区规划设计、建筑工程概预算、市场营销学、市场调研方法与实务	
专业方向指选课	房地产经营与管理方向	房地产投资与项目开发、房地产营销策划、房地产法规、房地产估价、房地产金融
	城乡区域规划方向	城市管理学、环境景观规划设计、场地设计、北京规划与建设、旅游规划
实践环节	一年级城市与区域教学综合实习（2周2学分），二年级市场调研（3周4学分），三年级生产实习（4周6学分），四年级毕业论文	

（三）2007版培养方案特色

2007版培养方案将培养目标定位为：具有解决资源环境与城乡规划管理工作实际问题能力的应用性高级专门人才，要求毕业生应具有城市与区域调研能力、空间分析能力、制图识图能力和城乡规划管理综合能力，能在资源、环境、城乡规划、土地利用与房地产等领域从事管理、规划、评估和咨询工作。为此将主干课程定位为地理学、管理科学、环境科学。从能力培养方面，培养学生具有较好的科学素养及初步的教学、研究和资源开发、规划管理的基本技能；具有较强的专业实践能力，如市场调研、制图与识图、房地产与物业管理实务操作和计算机辅助制图等实际动手能力，特别强调学生的市场调研、空间分析和制图技能，这也是针对学生开始较多在房地产投资顾问公司从事市场研究和营销策划工作而做出的调整（见表3）。与其他版培养计划

相比较, 这版方案开设保留了实践环节, 理论课程也比较全面, 房地产专业特色很突出。❶

表3 2007版培养方案专业课程

专业基础课	地质学、自然地理学、经济地理学、城市地理学、地图学、遥感应用、地理信息系统、环境科学、城市总体规划、管理科学、土地评价与土地管理、区域规划等
专业必修课	空间经济数学方法、房屋建筑学、居住区规划、建筑施工识图、城市要素调研方法与实务、建设工程预算、生态环境规划、经济学基础、城市管理学
专业限选课	房地产投资与项目开发、房地产营销策划、房地产估价、房地产法规、房地产金融、房地产经济学、专业英语听说、专业英语阅读、计算机辅助制图、物业管理
专业任选课	资产评估、市场营销、旅游规划、三维立体制图等

(四) 2011版培养方案特色

2011版培养方案将资源环境与城乡规划管理专业的方向调整为房地产开发与管理、土地利用规划与管理, 反映出新时期对专业方向的调整和新探索, 面对房地产市场的转型, 资源环境与城乡规划管理专业开辟了新的土地利用规划与管理新方向。专业培养 "具有较强的适应能力和可持续发展能力, 具有扎实的地理学和城乡规划基础理论与专门知识, 具有城市与区域调研、规划设计、空间分析、综合应用等核心能力, 能在城乡规划、国土与住房、土地利用规划等方面 (或领域) 从事调研分析、规划设计、评估咨询等技术和管理工作的高素质应用性人才"。主干学科调整为: 地理学、城乡规划学和管理科学。专业核心课程调整为城市总体规划、城市经济学、土地评价与土地管理。课程设置也做了相应改变, 两个方向各有五门限选课程, 学生在两个方向中必须选择一个。房地产开发与管理方向的限选课为: 房地产开发管理、房地产营销策划、房地产估价、房地产金融、房地产法规; 土地利用规划与管理方向的专业限选课为: 土地利用规划、土地政策与法规、土地利用动态监测、景观规划和场地设计。❷ 从学生的实际选择来看, 选择土地利用规划方向的学生数量略多于房地产方向。

---

❶ 北京联合大学指导性培养计划 (2007版)。
❷ 北京联合大学指导性培养方案 (2011版)。

（五）2013 版培养方案特色

2012 年，根据教育部《普通高等学校本科专业目录（2012）》的新规定，将资源环境与城乡规划管理专业名称改为"人文地理与城乡规划"。为此，2013 版培养方案做了比较大的修改，将专业方向确定为：城乡规划与设计、土地利用与房地产开发。主干学科缩减为地理学和城乡规划学。专业核心课程变更为城乡土地利用规划、城市规划原理、建筑学基础。从课程设置看，两个专业方向依旧是各有五门限选课程，规划方向限选课为区域分析与规划、居住区规划、城市设计、景观设计、场地设计；土地与房地产方向的限选课为城市经济学、土地评价与管理、房地产开发、房地产策划、房地产法规。❶ 从学生的选择来看，城乡规划设计方向的选课人数要多于土地利用与房地产方向，说明学生对规划设计新方向还是比较认可的。

三、毕业生在房地产行业就业的结构变化

通过对 1978—2013 级本科毕业生就业情况的调查，发现不同经济发展阶段、不同培养方案所对应的学生在房地产行业的就业情况有着明显的变化。

（一）1990—1998 级学生的就业去向特点

20 世纪 90 年代，由于人才匮乏，特别是专业对口的毕业生寥寥无几，加上房地产行业从无到有、快速扩张，北京本地国有、民营房地产企业数量众多，对毕业生的用人需求迫切。

以 1992 级（1996 届）毕业生为例，当时的城市科学系 28 名毕业生就业去向如表 4 所示，一部分学生进入各类央企、市属或区属国企房地产开发公司（11 人，39.2%），另外一些进入银行开发贷款审批部门、政府或国企房地产管理部门（13 人，46.4%），其他少量进入研究机构、行业协会等（4 人，14.2%）。可以说当时的毕业生就业去向 100% 符合 95 版培养方案设定的人才培养目标和就业方向，培养效果显著，培养方案输送的人才与市场需求高度契合，学生在房地产行业特别是房地产开发类单位就业的特点非常突出。这个阶段是学生在房地产行业就业的黄金时期。

---

❶ 北京联合大学指导性培养方案（2013 版）。

表4 城市科学系1992级学生就业去向统计

就业单位	人数	就业单位	人数
北京市房地产管理局	4人	中央财政部水利部房地产开发公司	2人
北京市城市建设开发总公司	1人	电子工业部所属房地产部门	1人
北京市住宅开发总公司	1人	海淀区建委	2人
北京市资产评估协会	1人	崇文区城建开发公司	2人
北京建设银行各支行	5人	朝阳区城建开发公司	1人
王府井房地产综合开发公司	1人	北京市城建二修公司	1人
华远房地产股份有限公司	1人	赛特集团房地产部	1人
北京市公安局房地产管理处	1人	北京市发展战略研究所	1人
中核房地产开发公司	1人	华联经济律师事务所	1人

资料来源：城市系就业统计档案资料。

（二）1999—2007级学生的就业去向特点

根据城市科学系和应用文理学院学生处提供的资源环境与城乡规划管理专业就业数据，1999—2007级，学生在房地产行业就业的比重有所下降，其中在开发企业就业的比重下降更为明显，而在房地产投资顾问公司、经纪公司、评估公司、物业管理企业的就业开始占据相当比重。学生在政府管理部门、国企、银行、遥感勘察企业、街道社区等专业对口单位就业有所上升，而IT公司、中小学、传媒广告、设计公司等人才需求旺盛的新兴行业，学生也开始有了就业的渠道，就业去向呈现多元化，也有部分学生到专业对口程度和符合度较低的岗位如贸易公司、工程公司、实业公司等就业（见表5）。总体来看，房地产行业的就业不再占据优势地位，但仍解决了专业人数的1/3甚至更多学生的就业问题。

表5 2004—2007级学生就业去向统计

	房地产开发类公司	其他房地产公司	政府管理部门、银行及勘察等专业对口单位	IT公司、文化传媒、设计公司等新兴行业	专业符合度较低的岗位
2004级	13.6%	28.9%	22.2%	11.1%	24.2%
2005级	12.3%	19.2%	13.7%	9.6%	45.2%
2006级	7.5%	29.9%	19.4%	9.9%	33.3%
2007级	6.7%	35.6%	22.2%	6.7%	28.8%

资料来源：城市科学系和学生处就业统计数据。

（三）2008—2013 级学生的就业去向特点

从 2011 年起，北京实行全国最为严厉的住宅限购政策，此后，2013 年、2015 年、2017 年，北京陆续出台升级版限购令，遏制房地产开发地王频出、房价暴涨的趋势，房地产行业结束黄金十年，进入平稳发展的轨道，地产企业人才需求也因此发生变化，向高端、专业方向转型。同时地理专业的培养方案也从 2011 版向规划方向逐渐倾斜。值得注意的是，这个阶段，考取研究生和出国留学的学生逐渐增加（计入专业对口单位统计项），而外地招收的学生因受户籍限制，很难从就业统计中发现其真实就业情况，因此整体就业的专业符合度下降，在专业对口程度较低的各类公司（如肯德基、医药公司、贸易公司）就业的学生增加较为明显。但由于 2013 年版培养方案才开始向城乡规划与设计方向转变，从就业来看尚无法看出学生在规划类岗位工作的趋势。

表 6　2010—2013 级学生就业去向统计

	房地产开发类公司	其他房地产公司	政府管理部门、银行及勘察等专业对口单位	IT 公司、文化传媒、设计公司等新兴行业	专业符合度较低的岗位
2010 级	6.3%	15.6%	21.9%	15.6%	40.6%
2011 级	1.1%	13.5%	28.8%	14.9%	41.7%
2012 级	0	12.9%	16.1%	17.2%	53.8%
2013 级	1.4%	0	26.4%	16.7%	55.5%

资料来源：学生处就业统计数据。

四、就业去向变化对人文地理与城乡规划专业培养方案调整的启示

从历次培养方案的修订可以看出，无论系名和专业名称如何变化，各版培养方案一直坚持了三个基本原则：一是从北京市的实际需要出发，二是立足于地理学的发展，三是考虑主客观条件的可能性。这三个原则一直指导着历次专业培养方案的修订和专业方向的调整。应用性、综合性和从实际需要出发的指导思想决定了城市科学系地理专业在 20 世纪 90 年代向房地产方向的转轨。主干学科、专业核心课程的每一次修改，都是为了让基础与应用、教学与实践、学习和就业能够紧密结合。就业数据说明，对就业市场有全面

深刻认识的培养方案设计，能够取得学生就业率高、对口率高的显著效果，而脱离实际、没有针对性的方案设计，有可能导致学生就业对口率降低、专业符合度降低。

走出房地产黄金十年后，人文地理与城乡规划专业亟待找到新的就业主流渠道，用来取代原有的房地产行业的就业主导地位，专业教师和负责人有必要实事求是，客观正视人才市场的最新变化，尊重和了解 90 后、00 后学生的新型就业观念。一方面承认房地产市场的转型带来的影响，积极开拓新的就业渠道；另一方面，也要注意到房地产行业对评估、策划、投资顾问人才仍有相当规模的需要，在开辟规划等新领域的同时，最好能够不放弃原有的就业渠道和毕业生资源。在房地产投资顾问研究、营销策划、不动产评估等领域，已经在房地产行业奋斗多年的系友每年都能为学生提供数十个招聘岗位，是可供挖掘利用的富矿，放弃殊为可惜。应当对学生加以引导和鼓励，充分利用这部分招聘岗位，让更多学生在专业符合度更高、更为对口的岗位上为北京市的建设发挥骨干作用。

基于成果导向的实践类课程教学改革[①]

逯燕玲[②]　何丹[③]

【摘　要】成果导向教育作为一种先进的教育理念，在引导和推动我国高等教育教学改革过程中，不能只停留在学校办学定位、人才培养目标和培养方案制定的战略层面上，还要纵深到课程的教学改革并细化到课程教学大纲中。从培养目标与毕业生要求的"成果"有效界定，到实践类课程教学预期学习成果与评价的案例分析，提出成果导向教育理念下的实践类课程教学改革的课程设计思路，对城市型、应用型人才培养具有重要的现实意义。

【关键词】成果导向；教育理念；课程设计；反向设计；达成性评价

成果导向教育（Outcome Based Education，简称 OBE）是在 1981 年由美国教育学者 Spady 首次提出的一种教育理念，也被称作目标导向教育、需求导向教育或能力导向教育。[1] OBE 的教学设计和教学实施目标是学生通过教育过程最终所取得的学习成果，这里的"成果"并非先前所学知识的积累和素质的表象体现，而是学生通过某一阶段学习后所能达到的最大能力，强调的是学生能够带到生活中的综合能力，包括终身学习能力、信息获取能力、分析及解决实际问题的能力、创造性思维的能力、组织领导和策划的能力等多方面综合能力。[2] 近几年，我国高等学校引入 OBE 教育理念，在学校办学定位、人才培养目标和培养方案制定的战略层面上影响越来越大，但 OBE 教育理念还需要纵深到课程

❶ 项目来源：北京联合大学 2017 年教育教学研究与改革项目"科研成果转化为教学案例的理论研究与实证检验"。

❷ 逯燕玲（1963—），女，硕士，北京联合大学教授。教授的主要课程有 GIS 软件工程、数据分析与挖掘、管理信息系统等课程。主要研究方向为数据分析与挖掘、文化感知与计算。近 5 年主持并参与完成科研课题 5 项，发表学术论文 10 余篇，主编教材 5 部，其中《网络数据库技术》（第二版，电子工业出版社，2009 年 10 月）为北京市高等教育精品教材。

❸ 何丹（1979—），女，博士，北京联合大学副教授。教授的主要课程有空间数据分析等。主要研究方向为交通与土地利用、城市与区域发展及规划。

的教学改革中，细化到课程教学大纲的设计、调整和改变中。

一、OBE 教育理念的反向课程设计

（一）OBE 教育理念中"成果"的有效界定

OBE 教育理念中的"成果"指向的是学生的学习成果，而学习成果的最终表现形态可以是知识、能力与素养的一系列组合，培养目标与毕业生要求是学生完成学业时应该取得的学习成果，应该提供学生适应未来生活的能力，实际是一种包含知识、能力与素养的综合能力结构，如表 1 所示的地理信息科学专业综合能力。而这个能力结构不能仅仅只是宏观层面归纳性的要点界定，还应列出具体的核心能力，每一个核心能力应有明确的要求，需要细化到详细的指标解读，每个指标的实现又依托于相应的课程，使课程体系中的每一门课程安排都围绕毕业生能力进行。课程教学是达成学生学习成果中的知识、能力、素质结构的途径，教学设计是课程教学实施质量的前提和保证。[3]

表 1　地理信息科学专业（空间数据分析方向）综合能力

知识	从事本专业相关工作所需的人文社会科学、自然科学知识
	扎实的学科基础知识及本专业基本理论知识
能力	空间信息采集、空间数据综合集成能力
	数字图像处理、制图和可视化分析能力
	地理空间数据综合分析能力
	具有科学思维方法及综合运用所学科学理论和技术手段分析并解决本专业相关问题的能力
	具有一定的组织管理能力、较强的表达能力和人际交往能力以及团队合作能力
素养	具有人文社会科学素养、社会责任感，能够在实践中理解并遵守职业道德和规范，践行社会主义价值观
	掌握基本的创新方法，具有一定的创新意识和创业思维，在解决实际问题时能够综合考虑社会、健康、安全、法律、文化以及环境等因素
	了解与本专业相关的职业和行业的方针、政策和法律、法规，能正确认识本专业对社会经济可持续发展的影响
	掌握文献检索、资料查询及运用现代信息技术获取相关信息的基本方法
	具有一定的国际视野和跨文化交流及合作能力

(二) 成果导向课程设计理念

传统教育模式以课程为导向构建学科式的课程体系, 注重专业知识的系统性, 整个课堂以教师为中心, 不能发挥学生的主观能动性与创造性。成果导向教育与传统教育相比, "内容为本"转变为"学生为本", 从学生"需求"出发确定人才培养目标及毕业生要求, 以目标与能力为导向构建课程体系, 每一个培养目标都对应具体的核心能力, 且每一个核心能力对应毕业生的具体要求, 以支撑人才培养目标的实现。因此, OBE 教育理念在任何专业实施都需要有一个愿景及框架, 清晰地阐明学生最终学习成果或顶峰成果, 以最终目标为起点, 教学设计遵循反向设计原则[4], 反向进行课程设计, 设计教学目标、课程组织、教师教学以及教学评价等教学活动。以地理信息科学专业 (空间数据分析方向) 的专业核心能力来说, 目标达成与实现的途径主要靠实践类课程, 如表 2 所示。

表 2 "空间数据分析"专业核心能力的主要实践课程

专业核心能力	主要实践课程	实践学时 (周)
空间信息采集、空间数据综合集成能力	测绘学基础	16
	地理信息系统	32
	空间数据库	32
	空间数据采集实习	2 周
数字图像处理、制图和可视化分析能力	遥感概论	18
	遥感数字图像处理	24
	三维 GIS	32
	可视化技术与应用	2 周
地理空间数据综合分析能力	遥感地学分析	32
	GIS 空间分析	22
	大数据分析与挖掘	24
	GIS 技术与应用	2 周
	空间数据分析实习	2 周
	毕业设计 (论文)	16 周

OBE 教育理念强调所有的学生都能在学习上获得成功, 课程设计与教学设计要充分考虑每个学生的个体差异, 要在时间和资源上为每个学生提供达

成学习成果的机会。因此，根据专业人才需求设置多个专业方向，不同的专业核心能力和选修课程供学生选择。而教师应该提高对学生课程学习的期望，制定具有挑战性的执行标准，以鼓励学生深度学习，促进更成功的学习。

二、OBE 教育理念的课程预期学习成果案例

OBE 教育理念的能力结构与课程体系之间要相互衔接，每门课程要培养学生相应的能力，学生学习成果与每门课程在知识、能力、素质方面的基本要求应体现在课程教学大纲上，规定各门课程在学生学习的不同阶段要达到的预期学习成果。实践类课程的学习成果应紧扣工作实践能力，教学改革方案要以成果为导向、项目为载体、任务为驱动，以过程体验来激发学生的学习兴趣。

（一）GIS 空间分析课程预期学习成果

GIS 空间分析是地理信息科学专业的必修课程，如表 3 所示，通过本课程学习，学生可以掌握不同类型空间数据主要分析方法；培养学生的人文社会科学素养，具有运用空间分析理论和方法分析、评价具体地理空间问题的能力。

表 3　GIS 空间分析课程预期学习成果

预期学习成果	本课程学习成果会对以下专业学习成果做出贡献
1. 了解空间数据的特性和分类、GIS 空间分析的基本概念和内容，理解地理信息系统和 GIS 空间分析之间的关系	具备较为扎实的学科基础知识及本专业基本理论知识
2. 掌握点数据、多边形数据和连续数据三种空间数据可视化和空间分析方法	具备数字图像处理、制图和可视化分析能力
3. 掌握空间数据的建模分析，熟练运用三种空间数据进行综合案例实践	具备地理空间数据综合分析能力
4. 了解空间分析技术最新前沿发展趋势和热点问题，以及空间分析技术对国家战略和北京城市文化遗产保护的作用和影响	具有科学思维方法及综合运用所学科学理论和技术手段分析并解决本专业相关问题的能力； 具有人文社会科学素养、社会责任感，践行社会主义价值观

（二）大数据分析与挖掘课程预期学习成果

大数据分析与挖掘是地理信息科学专业的选修课程，是一门有关大数据分析与挖掘和知识发现的应用性课程。本课程通过文化遗产评论数据情感分析、客户价值分析、电商评论等大数据分析与挖掘项目实践，达成如表4所示的课程预期学习成果。

表4　大数据分析与挖掘课程预期学习成果

预期学习成果	本课程学习成果会对以下专业学习成果做出贡献
1. 了解大数据分析与挖掘的基本概念、策略和技术	具备较为扎实的学科基础知识及本专业基本理论知识
2. 了解数据挖掘方法和统计技术	具备较为扎实的学科基础知识及本专业基本理论知识； 具有科学思维方法及综合运用所学科学理论和技术手段分析并解决本专业相关问题的能力
3. 具备大数据分析与挖掘的问题求解能力	具有科学思维方法及综合运用所学科学理论和技术手段分析并解决本专业相关问题的能力； 具备地理空间数据综合分析能力； 具有人文社会科学素养、社会责任感，践行社会主义价值观

（三）空间数据分析实习课程预期学习成果

空间数据分析实习属于地理信息科学专业的集中实践教学环节，本课程通过城市大数据分析与挖掘项目实践，包括空间数据处理、地图制作与地理信息综合分析的完整流程，达成如表5所示的课程预期学习成果。

表5　空间数据分析实习课程预期学习成果

预期学习成果	本课程学习成果会对以下专业学习成果做出贡献
1. 熟练掌握空间目标形态量测、空间关系计算、空间叠置和缓冲区分析、网络分析、地形分析、空间分布模式分析、空间插值分析及空间回归分析等方法与流程	具备较为扎实的学科基础知识及本专业基本理论知识； 具备空间数据综合集成能力； 具备数字图像处理、制图和可视化分析能力； 具备地理空间数据综合分析能力

续表

预期学习成果	本课程学习成果会对以下专业学习成果做出贡献
2. 熟练掌握空间聚类分析、空间异常探测分析与空间关联模式挖掘等空间数据挖掘方面的方法与流程	具备较为扎实的学科基础知识及本专业基本理论知识； 具备空间数据综合集成能力； 具有科学思维方法及综合运用所学科学理论和技术手段分析并解决本专业相关问题的能力
3. 空间数据处理、分析与成图	具备数字图像处理、制图和可视化分析能力
4. 以组为单位完成实习任务，并制作 PPT 进行实习汇报	具有一定的组织管理能力、较强的表达能力和人际交往能力以及团队合作能力； 具有人文社会科学素养、社会责任感，践行社会主义价值观

三、OBE 教育理念的课程达成性评价

OBE 教育的核心理念是基于产出的评价，特别强调学生的学习成果和教学过程的产出，其评价结果往往用学生能力的达成性评价，以学生能力的发展为评判标准。而学生能力的发展应该建立可持续改进的全过程质量控制机制，教学过程的产出更强调"过程性评价"，更关注学生个体学习轨迹的准确把握，制定不同评价等级，评价方式也更多元、更具梯次，使学生的学习过程是一个不断向好、自我完善的过程，且是否已经达到了自我参照标准。[5] 例如，大数据分析与挖掘课程教学方法采用实际案例分析讨论、大数据分析与挖掘项目实践相结合的方法，要求学生以组为单位选择实际案例和大数据分析与挖掘实际项目，进行案例分析讨论和实际项目实战，"过程性评价"从案例分析报告、实验报告，到最后提交的大数据分析与挖掘研究论文，如表 6 所示。

表 6　大数据分析与挖掘课程的"过程性评价"

预期学习成果	教学方法	考核方式	权重（%）
1. 了解大数据分析与挖掘的基本概念、策略和技术	案例分析与讨论	分析报告	20
2. 了解数据挖掘方法和统计技术	案例分析与讨论	实验报告	40
3. 具备大数据分析与挖掘的问题求解能力	项目教学法	论文	40

OBE 教育理念的最终学习成果既是终点也是起点，学习成果能够清晰地

表述为学生能力，分解到各门课程的预期成果，并能够直接或间接地进行测评。与传统教学模式相比较，不再只关注掌握相应知识的情况，而是看重学生能否将学到的知识应用到实践中，分析和解决问题的能力能否得到提高。以 OBE 教育理念推动实践类课程教学改革和人才培养模式创新，对城市型、应用型人才培养具有重要的现实意义。

 参考资料

［1］李志义，朱泓，刘志军，等. 用成果导向教育理念引导高等工程教育教学改革［J］. 高等工程教育研究，2014（2）：29-34.

［2］申天恩. 论成果导向教育理念的大教学战略构想［J］. 吉林师范大学学报（人文社会科学版），2016（3）：83-88.

［3］申天恩. 基于成果导向教育理念的人才培养方案设计［J］. 高等理科教育，2016，130（6）：38-43.

［4］李志义. 成果导向的教学设计［J］. 中国大学教学，2015（3）：32-39.

［5］刘宁，王晓典. 论成果导向教育理念的学生学习成效多元评量［J］. 黑龙江高教研究，2016，272（12）：37-40.

关于学科竞赛与实践教学相融合的思考

——以地理信息科学专业为例

朱海勇❶

【摘　要】地理信息科学专业的教学强调理论与实践相结合，对课程体系安排和实践内容的设置提出了更高的要求。本文分析了地理信息科学专业实践课程体系建设的重要性，分析了现今参与学科竞赛对实践教学组织提出的挑战，总结利用学科竞赛促进实践教学并进一步互相融合的必要性，以学科竞赛为指引的方向，通过学科竞赛提高学生对专业的学习热情，提升实践教学的效果。

【关键词】地理信息科学；实践教学；GIS

地理信息科学专业是一门集合了计算机科学、测绘科学、地理学等学科为一体的新型学科。它培养具有良好的地理学与计算机技术基础理论和扎实的地理信息科学的专门知识，掌握位置服务、数据分析、遥感和卫星定位等现代高新技术，具备地理信息系统（GIS）综合应用、设计与开发的技能及初步的系统集成和管理能力，可以从事空间数据处理与分析、GIS 应用技术支持、应用系统技术开发以及其他与地理信息科学有关的应用研究、技术开发或生产管理等工作的复合应用型人才。因此为了学生掌握数据采集、储存、管理、查询、处理、分析、可视化和应用开发等专业技术，需要多层次、多元化培养创新人才，既要培养拔尖人才，也要培养应用型创新人才。实践教学与学科竞赛相结合，以学科竞赛为载体和抓手，是培养应用型创新人才的有效途径。

一、地理信息科学实践课程体系

地理信息科学专业的特点是理论与实践相结合，要求学生具有创新思维和实际工作能力，因此培养 GIS 学生的实践能力尤为重要。[1]地理信息科学专

---

❶ 朱海勇（1978—），男，硕士，北京联合大学讲师。教授的主要课程有地理信息系统、空间数据库等。主要研究方向为空间数据库、空间分析与推理等。

业作为理科课程，特点之一是实践课时占较大比例，本专业 2017 版培养方案中，必修课中包含 254 课时的实践学时，接近必修课总学时的 25%。同时培养方案中包含如《空间数据采集实习》"GIS 技术与应用"等多门集中实践教学环节，还有"三维 GIS""空间分析模型与应用""WebGIS 设计"等专业选修课程，选修课程的实践学时比例大约占总课时的 50%，部分选修课的实践学时占比还超过一半，如"空间分析模型与应用"总学时为 32 学时，实践学时为 22 学时，占总学时的 68%。大学生 GIS 竞赛如"全国大学生 GIS 应用技能大赛""全国高校 GIS 技能大赛""SuperMap 杯全国高校 GIS 大赛""Esri 杯中国大学生 GIS 软件开发竞赛"等，每年都会由 SuperMap、MapGIS、ESRI 等国内外知名公司联合中国地理信息产业协会、教育部高等学校地理科学教学指导委员会、中国地理学会等部门共同举办。上述情况体现实践内容在课程中的重要性，同时，也表明地理信息科学专业课程的理论验证、技术应用等都离不开 GIS 平台或应用开发平台。

各高校也在积极实践 GIS 专业教学改革相关方面的研究，如嘉应学院地理信息系统专业以"3+1"人才培养模式为前提，以培养应用型创新 GIS 技术人才为基础，强化实践教学，创新实践教学模式，探讨相应的教学管理、教学方式改革。[2]中国地质大学建立了 GIS 专业实践教学系统，GIS 教学必须以理论为指导，以技术为核心，积极开展 GIS 实践创新。[3]专业课程的内容和形式要符合 GIS 专业的特点。如吴孟泉等提出了将学科竞赛内容向大学生实践教学转化的思想，使学科竞赛的内容贯穿于大学教育的始终，从而丰富和完善实践教学的内容和形式。[1]

教育部相关文件也提出了大学生参加学科竞赛的重要性和必要性，"继续开展大学生竞赛活动，重点资助在全国具有较大影响和广泛参与面的大学生竞赛活动，激发大学生的兴趣和潜能，培养大学生的团队协作意识和创新精神"[5]。本文认为地理信息科学专业需要以学科竞赛为抓手，并以此完善实践教学的内容和形式，突出实践教学的特色。

二、现有挑战

地理信息科学实践类课程在培养计划中占重要地位，如何将学科竞赛与实践教学更好地融合存在一些挑战，主要表现在以下几个方面。

（1）现阶段地理信息科学专业的学科竞赛难度不断提升，题目更侧重于前沿技术和现实中实际问题的解决，近年来如"SuperMap 杯全国高校 GIS 大赛""Esri 杯中国大学生 GIS 软件开发竞赛"这类开放题目竞赛的获奖作品有很多是涉及基于大数据来解决城市问题，并利用机器学习方法、云计算技术、虚拟现实技术来实现。

（2）专业学科竞赛注重考察参赛学生的综合素质，会涉及专业学科各类知识的综合应用，如"全国大学生 GIS 应用技能大赛"这类指定题目的竞赛会涉及地理学与地图学以及遥感和计算机科学，要求学生对专业涉及的实践环节有较好的基础，具备数据采集、制图、空间分析和程序开发能力。

（3）实践课程中所用的案例往往跟不上时代的进步，数据也相对较旧，甚至有些实践课程使用的教材版本也较旧。学生对课程理论的学习并不等于能在实践中达到预期，在学习过程中往往只注重流程的完整，而不注意成果是否达到行业标准。

（4）学生的综合能力亟待提升。在实践应用中，GIS 的建模分析和应用开发都要求具备相当的业务理解能力，因此，如何结合不同高校的自身特点，在实践中突出研究和应用特色，需要在竞赛中多在自身的长处上做文章。

（5）实践课程的学习，要求学生在课后进行足够相关方面的学习，同时现在学生利用官方文档帮助解决问题的能力也略显不足，在参加学科竞赛时，因为涉及功能及方法较多，需要学生有较好的查阅资料帮助解决问题的能力。

三、学科竞赛与实践教学融合方案

（1）地理信息科学专业的教学要加大实践教学的力度，对实践的内容进行合理设置，在课程的体系安排上要做到学科基础扎实，专业方向明确。学科基础上，重点培养学生具有良好的地理学、计算机技术基础理论和扎实的地理信息科学的专门知识。专业方向面向社会工作岗位设置，应该切合行业的实际发展需求，能够代表行业内的先进生产力和技术发展方向。实践课程能够将理论知识与专业技术相结合，而专业学科竞赛能够起到积极的推动作用。

（2）针对非测绘类工程专业中测量学与 GIS 课程在实践教学方面存在的问题，提出了以"图"为纽带的一体化实践教学的改革思路。[4]对于 GIS 实践课程体系来说，可以以"实践数据"为纽带，尤其在"大数据"时代，数据不仅仅是 GIS 技术应用的基础，也是进一步可视化分析的驱动，可以利用地理信息数据库构建多维地理空间模型。从大学一年级到高年级，将所涉及的必修课到专业课知识作为框架，以一套数据始终贯彻于大一到大四的课程体系之中，利用专业技能来解决问题。

（3）在实践教学过程中，将相关专业学生按竞赛的方式组织，在课程进行过程中按照竞赛中的知识点安排实践内容。学生在任课教师的指导下，若干人一组自主搭建实践团队，在实践中锻炼专业技能。在实践课程中对同学多布置项目级别的作业，可以根据不同年级课程设置的特点分成不同的任务目标，教师做好同学的课内外指导工作。围绕项目目标学习，相互学习、知识分享，自主学习、教师监督，任务驱动、创新探索，组织学生定期汇报与交流。

（4）学校在开设地理信息科学专业课程之初，就要引导学生组织创新团队，培养学生从学科的角度思考专业问题的方法，同时培养学生的兴趣和独立解决问题的能力。同时不同专业背景的指导老师应交叉搭配，对学生团队做出综合指导，教师应及时总结思考指导过程中遇到的问题，在教学实践过程中进一步优化教学模式，促进教学内容改革，提高教学质量。

（5）GIS 学科背景涉及较为广泛，所依托的学科有地理学、测绘学、计算机科学等，在教学计划设置中要兼顾各个学科基础，同时要兼顾学校的特色，突出实践性强的特点。同时参加学科竞赛时也要充分考虑本学校地理信息科学专业的特色，在项目的设置上要结合实际，设计贴合实际的案例来完成。

综上所述，实践教学与学科竞赛的融合，优化教学内容、强化教学实践、改进教学手段，能够培养学生的主动创新意识，提高学生的综合素质。

参考资料

［1］吴孟泉，张安定，王周龙，等. 赛课合一创新 GIS 实践教学模式的探讨 ［J］. 测绘科学，2014，39（07）：166-170.

［2］郑春燕，胡华科，梁锦梅，等. 地方高等院校 GIS 专业实践教学改革研究 ［J］. 地理空间信息，2014，12（06）：6，171-173，176.

［3］郑贵洲，赵雷. 地理信息系统（GIS）专业实践教学系统构建 ［J］. 测绘科学，2010，35（05）：250-253.

［4］王庆国. 以"图"为纽带的测量学与 GIS 课程一体化实践教学的研究 ［J］. 测绘通报，2017（06）：142-145.

［5］高等学校本科教学质量与教学改革工程项目管理暂行办法 ［EB/OL］. http://old.moe.gov.cn//publicfiles/business/htmlfiles/moe/moe_ 2761/200905/47767.html.

第四次工业革命背景下
德国应用型大学本科教育的特点与启示❶

付晓❷　周爱华

【摘　要】思考第四次工业革命如何推动中国经济发展质量变革、效率变革、动力变革。德国应用科技类大学丰富的专业门类都是以深入了解企业需求、通过学生参与项目完成应用型科技人才的培养，其专业设置、课程体系、师资力量、教学方法等都值得以"城市型、应用型大学"为办学定位的我们作为借鉴。

【关键词】第四次工业革命；应用科技类大学；德国；课程体系；教学方法

2017年10月15日—11月3日，笔者随北京联合大学德国"智能制造"培训团前往德国柏林、法兰克福两地进行访问学习。短短20天，走访了多所学校及研究机构，深入课堂体验教学，接触尖端科研成果，感受颇多，收获满满，现从理论认知、大学体制、教学体系、教学方法及专业设置等各方面谈谈第四次工业革命背景下德国应用科技型大学本科教育的特点与启示。

一、第四次工业革命与中国经济转型期的思考

在出发之前，笔者对于工业4.0及第四次工业革命只停留在泛泛了解阶段，通过此次培训，观摩和学习了诸如3D打印、无人驾驶、新材料新能源应用、智能机器人（见图1）、物联网、生态园区与智慧城市（见图2）等新兴

---

❶　资助项目：北京联合大学2019百杰计划"基于无人机技术的明长城遗址三维重建与情景展示"，北京联合大学2018年度教育科学研究与改革委托项目（JJ2018Y001，JJ2018Z013）。

❷　付晓（1977—），女，博士，北京联合大学副教授。教授的主要课程有遥感原理与应用、环境学概论、城市管理学应用实例。主要研究方向为3S技术在资源环境中的应用。近5年主持并参与完成科研课题5项，发表学术论文10余篇。

技术，系统而丰富的讲解与实践提升了笔者对工业 4.0 及第四次工业革命的认知，领略到科技创新的活力，感受到"工业 4.0"发起国德国在技术领域的进步，也认识到由德国的"工业 4.0"战略到美国的"工业互联网"战略再到中国的"中国制造 2025"战略引发的第四次工业革命不仅仅限于工业的发展，更带来了社会和经济的巨大变革。作为大学教师，应该积极应对时代的变革，笔者认识到自身知识体系的缺陷，开始深入思考工业 4.0 及第四次工业革命与中国乃至世界社会发展的关系，与大学教育的关系，与本专业发展的关系，与课堂教学的关系等问题。

我国正处在重大的历史转型期，第四次工业革命的理念有其现实意义。党的十九大报告明确指出，我国经济已由高速增长阶段转向高质量发展阶段。推动经济发展质量变革、效率变革、动力变革，不断加强我国经济创新力和竞争力，用三大变革推动中国经济高质量发展，这些都与第四次工业革命的新思想、新技术、新能源等休戚相关。

图 1　柏林应用科技大学（BUASB）智能机器人演示

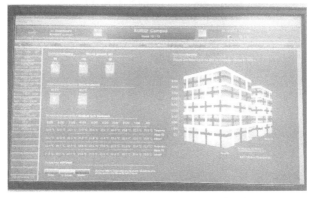

图 2　欧盟能源论坛（EUREF）生态园区展示

二、德国应用科技型大学发展概况

走访期间笔者通过学习对德国的教育体系有了一个初步的认识。德国的中学分为文理中学、职业中学及双元制中学,文理中学主要进入大学,职业中学主要进入企业,双元制中学兼而有之。1990—2016 年,大学教育与职业教育的人数比例由4∶6增长到5∶5,以适应工业 4.0 背景下社会对创新型人才的需要。从目前的大学设置来看,主要分为三种类型,综合性大学(University),应用科技大学(UAS),以及艺术、音乐等专业类型大学(UAM)。此行访问了柏林应用科技大学、维尔岛工程技术大学、曼海姆应用科技大学、阿沙芬堡应用科技大学 4 所应用科技类大学,德国自由大学、曼海姆大学、科布伦茨大学 3 所综合性大学。

(一)应用科技类大学蓬勃兴起,成为德国大学教育重要的组成部分

UAS 通常是由 20 世纪 70 年代的高职院校升级而来,成立时间短,但近年来呈现规模增长的态势,在德国主要城市如柏林、慕尼黑、科隆等均开设有多所应用科技大学,其中规模最大的慕尼黑应用科技大学学生人数已达 2 万多人,这在人口总量仅为 8000 余万人的德国是极其少见的。UAS 作为新兴大学正蓬勃发展,成为德国大学教育的重要组成部分。以柏林为例,应用科技大学一共 24 所,占学校总数的 69%,学生人数 43009 人,占学生总数的 30%(见图3,图4)。UAS 学校数量多,人数规模比综合性大学小,这也符合第四次工业革命科学技术应用多元化的特点。

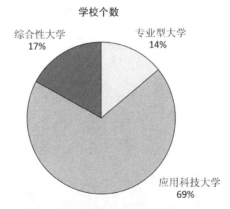

图3　不同类型大学学校比例

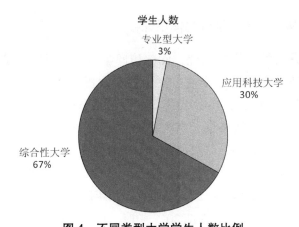

图4 不同类型大学学生人数比例

数据来源：图3和图4均根据柏林应用科技大学2016年统计数据制作。

（二）应用型大学专业门类丰富，师资水平高，越来越受到学生青睐

以此行重点走访的院校柏林应用科技大学（BUASB）为例，BUASB愿景是"We educate bright minds for the city of the future"，契合我校"城市型、应用型大学"定位。据该校外事处处长Borchert先生介绍，BUASB结合当地行业需求进行专业设置，共设置电子工程、计算机科学、商业管理、自然科学等8个院系72个专业，在校人数12500余人，专职教授仅为295人，师资要求高于普通综合性大学，要求至少具有5年以上企业从业经验，达到中层以上管理级别并具有专利技术，保证了教授与企业有天然的联系。不仅如此，学校还提供每周1天，每四个学期一个间隔学期的时间去企业兼职，使教授得以深入了解企业需求，通过学生参与项目完成应用型科技人才的培养。经过多年的探索，BUASB因其准确的办学定位，已经成为德国工程师的摇篮，深受学生的青睐。每年申请人数2万余人，招生本科生2000名，录取比例仅为10：1。很多学生不惜等待一年以获得录取机会。

BUASB的成功经验给了笔者很大的启发，一直以来笔者对本校"城市型、应用型大学"的办学定位心存疑虑，认为综合性大学要比应用型大学更高端，这也是很多人的传统思想，BUASB无疑为我们指明了发展之路，只要坚定信念，坚持走应用型大学的道路，紧跟第四次工业革命的时代潮流，狠抓师资队伍建设与专业建设，北京联合大学就可以实现弯道超车，跻身于优秀大学的行列。

三、应用科技型大学学分制体系介绍

教学体系是大学教育的灵魂，此次访问学习涉及机械制造、精密电子、食品技术、环境工程等多个专业，教授们多次提到了博洛尼亚宣言（1999年），博洛尼亚宣言制定了10个目标，其中最重要的是建立了严谨而标准的学分体系，通过专业互认减少了高校交流的障碍，促进欧洲教育成为世界品牌，至今产生深远的影响。而模块化教学设计是学分制的核心，每个专业的内容尽管不同，但模块设计的基本框架是一致的，一年两学期，每学期6个模块（课程），三年制大学共计36个模块，四年制大学一共48个模块，每个模块对应5个学分，1个学分对应30个学时，1个学时1小时，即以一个学期15周计算，1个模块每周10小时的学时要求，这基本包括2小时理论课，4小时实验课及4小时研讨自学课程。教授制定模块，并拥有一定的自主权，学校不过多干涉，但接受第三方评比认证机构认定。柏林应用科技大学的Kammasch教授还专门介绍了工程师教育学及教育法，她提出大学的核心问题是如何在脑中建立与实践相关的知识，它不受知识半衰期的影响，由此引发了对现代教育的诸多思考。

我校已经开始学分制教学改革试点，此次学习让笔者对学分制的由来及设置有了更加清晰和深刻的认识。课程不是单独的个体，要思考本门课程与其他课程的关系，课程要与培养目标对应，课程体系要有逻辑并适应不断变革的需要。从目前来看，与柏林应用科技大学相比，我校课程设置上被动式理论学时过多，主动式实验课程及研讨课程过少，灌输式教育过多是否会导致知识衰减过快，这需要进一步研讨。

四、第四次工业革命背景下应用科技型大学的教学方法与教学手段

此次培训，一堂3D打印原理课程给笔者留下了深刻印象，教授Pachh及其助教严谨而不刻板，谈吐风趣而幽默，课堂内容丰富而生动。课程分为问题导入、原理介绍、实例分析等几个环节。教授首先介绍了自己的工业设计师背景，提出一个工业设计中常见的问题（见图5）：工业设计图与真实手感存在差异，为达到完美手感，以前需要制造金属模具进行测试，现在可以用3D打印树脂样品进行测试，减少了时间和经济成本，问题导入自然而流畅。然后教授介绍了3D打印的原理——高斯定律，并模拟当年发现高斯定律的过程（见图6）。原理讲授加模型演示加深了对原理的认识，笔者以前听过不止

一次高斯定律，唯有这次记忆最为深刻。然后教授通过三种 3D 打印机演示了 3D 扫描打印的过程，并对比分析了不同种类 3D 打印的优缺点（见图 7）；最后教授演示了从 3D 打印到金属部件铸造的过程（见图 8）。从传统机械制造到 3D 打印，再从 3D 打印回到机械制造，这堂课完美地阐释了 3D 打印的原理及实际用途，深入浅出，令人回味。

图 5　问题导入

图 6　原理讲授加模型演示

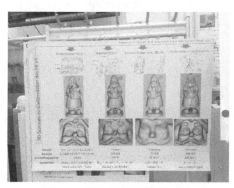

图 7　三种 3D 打印效果对比

图 8　现场金属部件铸造

　　课程总计历时 3 个小时，课堂讲授过程层层推进，有节奏变化，教学方法多样化，有理论讲授、模型演示、实际操作等各个环节，教学手段先进（见图 9），有主展示台、副展示台，实时摄影机两台，3D 打印设备 3 台，教学用纸板 2 个。可以随时切换讲授内容及展示，避免单一教学方式的枯燥。课程在一个小型实验室展开，实验室里设备众多，但我们的目光始终都被教授的精彩内容所吸引。对比自己平时的教学过程，仅靠几页 PPT 讲完一堂课，课程准备不充分，教与授的方法单一，感到差距很大，下一步要完善教学方法和教学手段，以高质量的教学内容吸引学生。

图9 丰富多样的教学手段

五、GIS 专业对比分析

德国自"二战"以来百废待兴,"二战"中主要大城市如柏林,炸毁面积达到 80% 以上,因此,德国的城市规划及测绘行业发展迅猛。由于时间有限,此行并没有专门针对地理信息系统本科专业进行探讨,但通过资料收集,能够大致了解 GIS 专业的教学要求、发展前景、专业技能及模块设计等,以往的研究多侧重于英美国家的对比分析,此行填补了专业课程设置对比分析的空白。

以柏林应用科技大学的 GIS 专业为例,该专业按照地理空间数据的处理方式大致分为两个核心能力:一个是以大地测量为主,偏重生产外业数据;一个是以地图与地理信息为主,偏重管理、价值创造和传播地理空间数据,其最终目的是设计定制采集、处理、分析和显示时空数据,并为时空问题提供有效解决方案。该专业就业十分广泛,可在工业企业、咨询公司、建筑公司、能源公司、航天工业、软件公司、区域规划、房地产经济、运输物流业、环境保护及地理研究等领域就业。从就业方向来看,GIS 专业就业偏向于各类企业与咨询业,这与德国成熟的工业化体系密切相关,反观国内,GIS 专业就业主要集中在软件公司和区域规划两大领域,相信随着我国社会经济的进步,GIS 专业就业方向将越来越开阔。

从 GIS 专业的课程设置来看,遵循学分制的规则,进行模块化教学,又体现了一定的灵活性,模块性质分为三种:必修、限选和任选,必修及限选学分共计 210 个,任选学分 30 个,共计 240 个学分。每个模块的课程类型分为理论课、研讨课和实验课三类,不同模块的学时分配不同,前三个学期的模块基本上为 5 个学分。例如：地理项目管理模块，2 个学分为理论课，3 个学分为研讨课；栅格数据分析模块，1 个学分为理论课，2 个学分为研讨课，2 个学分为实验课；遥感分析模块，2 个学分为理论课，3 个学分为实验课。而最后一学期主要是集中考核学期，分别为集中考试（30 个学分），论文（25 个学分），面试（5 个学分）。可以看出，德国的 GIS 专业课程设置非常紧凑，重视教师与学生的互动，研讨和实验的比重较大，考核环节非常重要，体现出德国工业化一贯的严谨与高效。从模块内容来看，除了传统的大地测量学、地理信息系统之外，在任选课中设置了很多与时俱进的课程，如基于位置服务 APP、空间媒介设计、移动终端设计等，以应对第四次工业革命浪潮下技术互通、移动互联的需要。

德国屹立于世界强国之林几百年，其教育体系产生了深远的影响，应用科技型大学的诞生适应于社会经济发展的需要，在短短几十年内发展迅速，成为德国大学教育不可或缺的中坚力量。应用科技型大学以应用为本，深挖传统专业与行业应用的关系，走出一条独特的发展道路，在第四次工业革命浪潮下显示出勃勃生机，其专业设置、课程体系、师资力量、教学方法等都值得我校深入探讨与学习，一定能为我校走应用型发展之路指明方向。

第二部分　课程思政篇

《城市规划原理》的"课程思政"教学设计[❶]

杜姗姗[❷]

【摘　要】"课程思政"是当前高校思想政治工作的新理念新模式，对于改进和加强高校思想政治工作，落实教书育人主体责任，确保全过程、全方位育人要求的实现具有推动作用。《城市规划原理》是人文地理与城乡规划专业的核心课程，《城市规划原理》课程思政教学改革将深入挖掘专业课程蕴含的思想政治教育资源，融入社会主义核心价值观和中华优秀传统文化等德育元素。本文从教学目标重设、教学内容重构、创新教学实施方式三个方面阐释了将"课程思政"理念融入《城市规划原理》课程的教学设计，并提出从专业课程"课程思政"改革应隐性化、坚持专业定位、注重多元融合、发掘运用专业历史和人物教育作用、建设配合课程思政教材，将思想政治教育"无痕"融入课程教学，实现价值塑造、能力培养、知识传授三位一体的教学目标，有助于培养学生学习兴趣、职业自豪感和社会责任感。

【关键词】城市规划原理；课程思政；公共政策

现阶段各高校积极进行"课程思政"教学改革，在专业课程教学中通过对教学目标、教学内容、教学方法和载体等环节的有效设计和实施，实现专业课程的引领正确价值观、塑造共同理想信念、体现育德内涵、发挥专业课程的价值渗透作用及对大学生价值引领作用，真正做到各类各门课程都"守好一段渠、种好责任田"。

作为培养城乡规划专业本科职业能力重要环节的课程——《城市规划原

❶　北京联合大学 2018 年度教育教学研究与改革委托项目：《城乡规划原理》课程思政建设研究与实践（JJ2018Z015）的阶段性成果；北京联合大学应用文理学院 2018 年度教育教学改革项目："城市规划原理"的阶段性成果。

❷　杜姗姗（1978—），女，博士，北京联合大学副教授。教授的主要课程有城市规划原理、土地利用规划、详细规划理论与实践、欧美城市规划案例评析等。主要研究方向为城乡发展与规划、都市农业、休闲农业与乡村旅游。

理》，是国家级特色专业建设点人文地理与城乡规划专业的必修课程，具有很强的综合性和实践性，培养学生树立全面正确的城市观念，了解并初步掌握城市规划基本理论、原理和方法，并能在实践中运用所学的规划思想和知识分析解决城市问题。本文探讨了如何通过教学设计深入挖掘《城市规划原理》课程的思政教育功能，并针对近期教改实践提出课程思政教学设计的几点思考。

一、《城市规划原理》的"课程思政"教学设计

（一）基于"课程思政"的教学目标重设

北京联合大学应用文理学院"人文地理与城乡规划"专业是以人文地理学为基础的四年制理科专业，《城市规划原理》课程定位为人文地理与城乡规划专业的专业必修课。课程安排在第4学期，经过自然地理学、城市地理学等先修课程积累了一定的专业素养，经过本课程内容的学习，掌握城乡规划的系统知识和价值观，为后续的居住区规划设计、房屋建筑学、景观设计等课程提供城乡整体感和空间基础知识。

《城市规划原理》课程标准课时48学时，课时量适中，但课程内容庞杂，按照章节的重要程度和难度分配课时，课程理论部分结合规划实践，使学生在48个学时里掌握课程内容和内容的灵活运用。

原教学目标：开设本课程的目的在于使学生通过学习树立全面正确的城市观念，了解并初步掌握城市规划基本理论、原理和方法，并能在实践中以所学的规划战略思想分析解决城市问题，特别是解决涉及城市职能定位、城市空间布局、历史文化名城保护等专业问题。同时，为学生进行居住区规划、场地设计、景观规划、城市设计等实践性课程奠定坚实的理论基础。

为了更好地发挥《城市规划原理》课程思政引领正确价值观的作用，本次教学改革重设了课程目标。开设本课程的目的在于使学生通过学习：①树立全面正确的城市观念；②理解城市规划的政府调配空间资源、指导城乡发展与建设、维护社会公平、保障公共安全和公众利益的公共政策属性；③了解城市规划师的社会责任和职业道德；④初步掌握城市规划基本理论、原理和方法；⑤能在实践中以所学的规划战略思想分析解决城市问题，特别是解决涉及城市职能定位、城市空间布局、历史文化名城保护等专业问题。同时，为学生进行居住区规划、场地设计、景观规划、城市设计等实践性课程奠定坚实的理论基础。根据新课程目标对课程每一章节内容的预期学习成果进行细化（见表1）。

表1 《城市规划原理》课程预期学习成果对课程目标、专业学习成果的贡献关系

预期学习成果	本课程预期学习成果对课程目标做出的贡献
第一章：掌握城市的字面含义，理解城市化的概念、特征和规律	（1）使学生树立全面正确的城市观念
第二章：了解现代城市规划产生的历史背景和理论渊源；掌握现代城市规划的早期思想和发展理论；了解当代城市规划所面临的形势	（1）使学生树立全面正确的城市观念
第三章：了解城市规划的地位、作用和任务，理解城市规划的公共政策属性，了解城市规划师的社会责任和职业道德；掌握城市规划的基本内容和编制体系；了解城市规划与其他相关规划的关系	（2）理解城市规划的政府调配空间资源、指导城乡发展与建设、维护社会公平、保障公共安全和公众利益的公共政策属性；（3）了解城市规划师的社会责任和职业道德；（4）掌握城乡规划的基本理论和知识体系
第四章：理解城市的功能及其内部结构，以及城市各组成部分之间的关系；掌握城市用地分类及适用性评价	（1）使学生树立全面正确的城市观念
第五章：了解城市发展战略、结构规划和远景规划的含义；掌握城市可持续发展的内容；掌握制定城市发展战略的要点	（4）掌握城乡规划的基本理论和知识体系，提升学生自主学习能力；（5）能在实践中以所学的规划战略思想分析解决城市问题，达到培养学生综合职业能力和对相关知识综合应用能力的目的
第六章：了解城市总体布局的原则；掌握城市总体布局的综合协调的内容；掌握城市总体布局的方案评定和优化方法，掌握城市绿地系统与景观规划、城市的交通与道路规划、城市历史文化遗产保护的规划方法。要求学生紧密结合"北京总体规划"进行本章节学习	
第七章：掌握控制性详细规划的强制性内容；了解城市设计的主要内容，理解修建性详细规划和城市设计的差别	
第八章：了解镇、乡规划的编制要点；理解村庄规划与城市规划的差别；掌握村庄规划的编制要点	

（二）基于"课程思政"的教学内容重构

为了引领正确价值观、发挥专业课程的价值渗透作用及对大学生价值引领作用，《城市规划原理》课程对原有课程内容进行重构，并每一章节进行课程思政重点内容的整体设计（见图1），凸显正确的城市观念、城市规划的公

共政策属性和城市规划师的社会责任和职业道德。

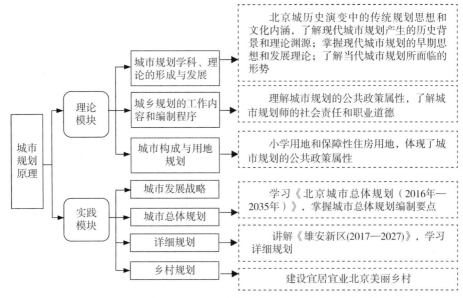

图1　《城市规划原理》每一章节课程思政重点内容的整体设计

1. 北京城历史演变中的规划思想

清朝北京城是在元朝元大都（1260年规划，1271年建成）北京城的基础上扩建的。

北京城市布局体现了传统的封建王朝、宗法礼制的思想，继承了历代城市规划的传统。

整个都城以皇城为中心，左建太庙，右建社稷坛，并在城外设天坛、地坛、日坛、月坛。

城市市局采用中轴线手法，重点突出，造成宏伟的壮丽景象。从南永定门直至钟鼓楼8公里有九重门楼，永定、正阳、中华、天安门、端门、午门、太和门均为双重门楼（见图2）。轴线上布置城楼牌坊、华表、桥梁，形成各种形体不同的广场，加以两旁的殿堂更加强京城庄严气氛，以显示封建帝王至高无上的权势。

2. 理解城市规划的政府调配空间资源、指导城乡发展与建设、维护社会公平、保障公共安全和公众利益的公共政策属性

公共政策是人类社会活动组织性、计划性、目标性的集中体现，是国家或政党等社会公共权威在其社会政治活动中的重要内容和行为准则。[1]公共政

策分解为"政策内涵"和"政策载体","政策内涵"反映执政党和政府的执政理念。"政策载体"在现实中有两类,一类是"指示、决定、通知、指引"等,表现为"政策文件";另一类是"法律、规章、条例、命令"等,表现为"法律文件"。[2]城市规划的目标在于解决由于社会现状与社会期望之间的差距而引发的特定社会公共问题,城市规划被赋予了公共政策的属性。[3]

"新常态"下城市规划的公共政策属性发挥着配置城乡空间资源、指导城乡发展与建设、维护社会公平、协调各方利益等作用,要求同学们从知识储备、能力提升和职业精神培养等方面进行提升,将自己塑造为战略与政策智囊、公正公平的利益协调者、生态与文化底线卫士。[4]城乡发展的新特征和新趋势引发了城乡规划职能与属性的变迁,对规划师的综合分析能力、研究能力和知识储备等提出了更高的要求,规划师面临着角色重塑的挑战。

3. 了解城市规划师的社会责任和职业道德

城市规划具有公共政策的天然属性,城市规划应全面体现社会公平,遵循以维护公共利益为重、以保护弱势群体利益为先的伦理价值取向。作为城市规划方案的直接编制者,规划师在维护公共利益方面扮演着重要而特殊的角色。规划师所具备的素质,除了专业知识和技能外,必须树立正确的关于规划工作及规划道德的价值观,其核心理念就是规划师应最终以公共利益为重而不是以客户利益为重。应在有限满足和不损害公众利益尤其是弱势群体利益的前提下,既满足不同利益团体的要求,而又不损害其他利益团体或将其损害降至最低。规划师的角色不能仅仅是开发商和政府官员的"代言人",还应成为公众及公共利益的"代言人"。

规划师的职业道德有以下几点[5]:

(1)规划师既要正确认识城市发展,又要积极作为;既要明确自身社会角色,又要坚守社会责任;既要追求理想,又要直面复杂的现实局面;既要坚持原则,又要协调各种矛盾与冲突。树立科学的发展观,坚持全面发展、协调发展与可持续发展,并肩负起社会责任,努力协调城市发展中各种利益的矛盾、各种发展要素与领域的冲突以及城市与区域的竞争,这正是规划师至高的职业道德。

(2)规划师既不是城市发展的阻碍者,也不是个人理想主义的卫道士;规划师不是市场经济的拦路虎,也不是无序经济增长的吹鼓手;规划师不是历史传统的守护神,也不是民众利益的救世主;规划师不是本位主义的捍卫者,也不是地方主义的辩护人。

（3）规划师既不是政府意志的绘图员，也不是矛盾与冲突的牺牲品。在城市的运动发展过程中，规划师必须发出自己的声音，而这种声音是否响亮，背后支撑的正是规划师的职业道德。

4. 《城市用地分类与规划建设用地标准》——城市规划的公共政策属性

城市用地分类表面上是针对土地属性和特征来进行用地划分，实则是基于反映人们目标与意图的土地分类方法。城市规划作为一项公共政策，原《城市用地分

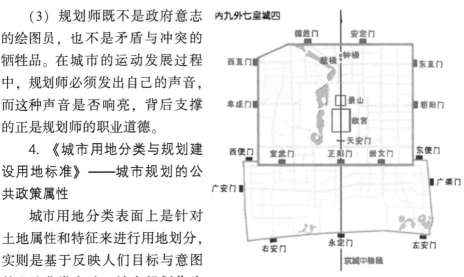

图2　北京中轴线示意图

类与规划建设用地标准》（GBJ137-90）施行下存在规划编制与规划管理脱节、城市规模控制乏力、公共服务设施用地控制要求缺乏而带来公众利益难以保障等问题，影响市规划公共政策作用的发挥。新版《城市用地分类与规划建设用地标准》（GB50137-2011）适应当前市场经济条件的发展，针对城市发展转型及政府职能转变，在调控城市空间资源、维护社会公平、协调各方利益、促进城乡统筹发展等方面，对城市规划公共政策作用的发挥起着技术支撑作用。

例如，新版《城市用地分类与规划建设用地标准》（GB50137-2011）在二类居住用地中增加"保障性住宅用地"小类，以体现国家关注中低收入群众住房问题的公共政策（见表2）。

5. 对照《北京城市总体规划（2016年—2035年）》，讲解学习城市总体规划

为深入贯彻落实习近平总书记视察北京重要讲话精神，紧紧扣住迈向"两个一百年"奋斗目标和中华民族伟大复兴的时代使命，围绕"建设一个什么样的首都，怎样建设首都"这一重大问题，谋划首都未来可持续发展的新蓝图，北京市编制了新一版城市总体规划——《北京城市总体规划（2016年—2035年）》。本次城市总体规划编制工作坚持一切从实际出发，贯通历史现状未来，统筹人口资源环境，让历史文化和自然生态永续利用，同现代化

表 2   城市建设用地分类和代码——居住用地

类别代码		类别名称	范围
中类	小类		
R1		一类居住用地	公用设施、交通设施和公共服务设施齐全、布局完整、环境良好的低层住区用地
	R11	住宅用地	住宅建筑用地、住区内城市支路以下的道路、停车场及其社区附属绿地
	R12	服务设施用地	住区主要公共设施和服务设施用地，包括幼托、文化体育设施、商业金融、社区卫生服务站、公用设施等用地，不包括中小学用地
R2		二类居住用地	公用设施、交通设施和公共服务设施较齐全、布局较完整、环境良好的多、中、高层住区用地
	R20	保障性住宅用地	住宅建筑用地、住区内城市支路以下的道路、停车场及其社区附属绿地
	R21	住宅用地	
	R22	服务设施用地	住区主要公共设施和服务设施用地，包括幼托、文化体育设施、商业金融、社区卫生服务站、公用设施等用地，不包括中小学用地
R3		三类居住用地	公用设施、交通设施不齐全，公共服务设施较欠缺，环境较差，需要加以改造的简陋住区用地，包括危房、棚户区、临时住宅等用地
	R31	住宅用地	住宅建筑用地、住区内城市支路以下的道路、停车场及其社区附属绿地
	R32	服务设施用地	住区主要公共设施和服务设施用地，包括幼托、文化体育设施、商业金融、社区卫生服务站、公用设施等用地，不包括中小学用地

建设交相辉映。坚持抓住疏解非首都功能这个"牛鼻子",紧密对接京津冀协同发展战略,着眼于更广阔的空间来谋划首都的未来。坚持以资源环境承载能力为刚性约束条件,确定人口总量上限、生态控制线、城市开发边界,实现由扩张性规划转向优化空间结构的规划。坚持问题导向,积极回应人民群众关切,努力提升城市可持续发展水平。坚持城乡统筹、均衡发展、多规合一,实现一张蓝图绘到底。坚持开门编制规划,汇聚各方智慧,努力提高规划编制的科学性和有效性,切实维护规划的严肃性和权威性。

《北京城市总体规划(2016年—2035年)》经法定程序批准后将成为北京城市发展的法定蓝图,北京市上下和在京各部门各单位正在积极推进落实、切实维护此规划的严肃性、权威性。《城市规划原理》课程对照《北京城市总体规划(2016年—2035年)》,讲解学习城市总体规划,重点阐述"都"与"城""舍"与"得"、疏解与提升、"一核"与"两翼"的关系,和如何落实"四个中心"战略定位,紧扣"两个一百年"奋斗目标,划定三条红线,构建"一核一主一副,两轴多点一区"城市空间新格局。

6. 对照《雄安新区(2017—2027)》,讲解学习详细规划

2017年4月1日,中共中央国务院决定在雄安设立国家级新区,这是以习近平同志为核心的党中央做出的一项重大的历史性战略选择,是继深圳经济特区和上海浦东新区之后又一具有全国意义的新区,是千年大计、国家大事。对于集中疏解北京非首都功能,探索人口经济密集地区优化开发新模式,调整优化京津冀城市布局和空间结构,培育创新驱动发展新引擎,具有重大现实意义和深远历史意义。雄安新区地处北京、天津、保定腹地(见图3),涉及河北省雄县、容城、安新3县及周边部分区域,区位优势明显、交通便捷通畅、生态环境优良、资源环境承载能力较强,现有开发程度较低,发展空间充裕,具备高起点高标准开发建设的基本条件。

雄安新区规划建设起步区面积约100平方公里,中期发展区面积约200平方公里,远期控制区面积约2000平方公里。2017年12月,雄安新区入选"2017年度中国媒体十大流行语"。2018年4月14日,中共中央国务院批复《河北雄安新区规划纲要》。4月21日,《河北雄安新区规划纲要》正式发布。《城市规划原理》课程以雄安新区的详细规划为例阐释详细规划的内容和规划要点(见图4)。

图 3　雄安新区区位图

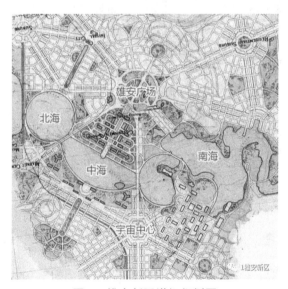

图 4　雄安新区详细规划图

7. 建设宜居宜业北京美丽乡村

为全面深入贯彻落实十九大精神、《北京城市总体规划（2016 年—2035
年）》和北京市农村地区开展的"实施乡村振兴战略，推进美丽乡村建设"
专项行动（2018—2020 年）"，北京市规划国土委研究编制了《北京市村庄
规划导则》，用于指导各区开展村庄规划的编制和审批工作，进一步推动北京
市美丽乡村规划建设工作的开展。

（三）基于"课程思政"创新教学实施方式

《城市规划原理》课程以面授为主，融入课程思政内容时应该润物无声地引入思政内容，避免生硬地穿插课程思政内容，或者在课件里标出课程思政，容易引起学生的反感，影响授课效果。本课程调整教学实施方式（见表3），在授课中间穿插进行北京规划展览馆考察、规划案例分析、课堂讨论，讲解课程思政的部分可以在相关背景知识、案例讲解或播放视频后，增加课堂讨论环节，学生分组讨论后分享他们的感悟，比老师直接将思政内容灌输给学生的教学效果好。

表3 《城市规划原理》课程授课方式及其可达成的预期学习成果

学与教的方法	学与教的手段	可达成预期学习成果
1. 课堂讲授法	多媒体、PPT	掌握城乡规划的理论与方法
2. 案例分析法	讨论案例的规划解决对策是否妥当	通过具体案例掌握城市发展战略、城市总体规划、村庄规划、详细规划的原理和规划制定要点
3. 讨论法	自主学习法、分组讨论	在城市战略规划和城市总体规划章节开展课堂讨论，培养思维表达能力，激发学习兴趣、促进学生主动学习
4. 项目教学法	分组讨论共同完成实际应用项目	掌握制定城市发展战略的要点
5. 体验教学法	北京规划展览馆考察	学生通过考察北京规划展览馆，帮助理解北京城乡规划

二、几点思考

经过一学期的《城市规划原理》课程思政教学改革实践，知识的传授和价值的引领两者之间进行有机结合，在弘扬中国精神、传输社会主义核心价值观方面取得了一定效果。针对该门课程的教学，结合多年的教学经验，本文从以下几个方面阐述笔者个人对该门课程教学的一些思考。

（一）专业课的课程思政应隐性化，注重润物无声

专业课程的课程思政，并不是将专业课程思政化，也不是为了思政而思政，在专业内容中强行加入思政内容，也不是专业知识讲授完毕后，最后进行思政上的引申，而是全域、全息化地融入思想教育的理念、目的、手段、

技巧，应该是"润思政"而细无声，实现学科育人和课程育人水乳交融、自然融合，激发起学生的爱国情怀、责任和担当意识。

（二）坚守专业定位，注重学科视野

专业课程的课程思政，需要梳理和深入挖掘专业知识的思政意义、价值、伦理等，使学生学会从专业知识中引发和专业相连的问题，从而达成思政教育，也就是经过学习和训练达到学生修养的全面提高，但这背后却需要专业课程老师的长期专业知识积累、涉猎大量的历史文化知识和精心备课。

（三）注重多元融合，注重学科文化育人

《城市规划原理》课程是人文地理与城乡规划专业的必修课程，因此授课应该和工科院校有所区别，要传授相关理论知识体系，也要传授城市规划学科的技术规范，还应结合学科文化特点，因势利导，积极"+文化"、体现"北京味道"，把理科课程学习过程巧妙融入思想政治教育元素和目的，有效挖掘课程综合内涵。

（四）崇尚科学精神，发掘运用专业历史和人物教育作用

每一门学科都是知识的累积和传承，也是无数科学家实践成果的理论探索过程、伟大人格的集中反映。从课程思政的角度上讲，教师需要发挥学科史、人物史的丰厚教育资源。尤其是科学家的事迹风采，用他们探索科学的过程，追求真理的历程，来引导学生，教育学生，让科学家、学者、大师的科学人生成就他们的青春风采。这显然就是课程思政的重要意义所在。

（五）建设配合课程思政的教材

作为城乡规划专业的一门内容涵盖面广、理论与实践并重的专业核心课程，应该紧密围绕应用型本科的人才培养定位和城乡规划行业发展形势，不断进行《城市规划原理》课程教学改革，未来还要建设配合"课程思政"的教材，编写体现价值引领、兼具思想性、时代性、科学性的教材。

三、结语

本文从教学目标重设、教学内容重构、创新教学实施方式三个方面总结了《城市规划原理》课程的"课程思政"教学设计，深入挖掘专业课程蕴含

的思想政治教育资源，巧妙融入社会主义核心价值观和中华优秀传统文化等德育元素，将思想政治教育"无痕"融入课程教学，实现价值塑造、能力培养、知识传授三位一体的教学目标。经过一轮课程教学改革，在取得成绩的同时，也遇到了一些瓶颈，本文提出从隐性化、坚持专业定位、注重多元融合、发掘运用专业历史和人物教育作用、建设配合课程思政教材等方面阐述基于课程思政教学改革中的一些思考。

基于"课程思政"的教学改革是一个系统工程，本文只是对一门课程的初步尝试，有待未来更充分的实践和教学研究来补充完善。

参考资料

[1] 冯健，刘玉. 中国城市规划公共政策展望 [J]. 城市规划，2008 (4)：33-40.

[2] 赵民，雷诚. 论城市规划的公共政策导向与依法行政 [J]. 城市规划，2007 (6)：21-27.

[3] 薛晖，潘振. 城市规划的公共政策属性思考 [J]. 规划师，2006 (11)：25-26.

[4] 丁琼，朱春燕，何序君. "新常态"下规划师的角色重塑 [J]. 规划师，2015，31 (S2)：16-19.

[5] 段险峰. 城市规划的作用与规划师的作为 [J]. 城市规划，2004，28 (1)：31-33.

《空间数据采集实习》课程思政的教学实践[1]

周爱华[2]　付晓　管霞[3]

【摘　要】在当前课程教学"大思政"的新格局下,《空间数据采集实习》课程与学生党支部红色"1+1"支部共建活动相结合,同一组人员,在同一时间、同一地点完成两项任务,相互促进、相互提升,是一项双赢的组合。

【关键词】空间数据采集实习;红色"1+1"活动;课程思政;教学改革

在 2016 年的全国高校思想政治工作会议上,习近平总书记提出"要坚持把立德树人作为中心环节,把思想政治工作贯穿教育教学全过程,实现全程育人、全方位育人,努力开创我国高等教育事业发展新局面","要用好课堂教学这个主渠道,思想政治理论课要坚持在改进中加强,提升思想政治教育亲和力和针对性,满足学生成长发展需求和期待,其他各门课都要守好一段渠、种好责任田,使各类课程与思想政治理论课同向同行,形成协同效应"。

在习近平总书记的号召下,上海高校率先开展了"课程思政"教学改革,并取得了良好的效果,进而在全国范围内掀起"课程思政"教育教学改革的热潮。"课程思政"就是明确其他各类课程与思政课程一样都有育人职责,要深入发掘各类课程的思想政治理论教育资源,把价值引领贯穿到通识教育课、专业课、实践课及其教育活动中,形成课程教学"大思政"的新格局。

为了响应"把思想政治工作贯穿教育教学全过程"的号召,北京联合大

---

❶　北京联合大学 2018 年度教育科学研究与改革项目 (JJ2018Y001);北京联合大学 2017—2018 年度基层党支部活动立项"专业实习与红色 1+1 支部共建活动相结合的课程思政模式探索";北京联合大学 2019 百杰计划"基于无人机技术的明长城遗址三维重建与情景展示"。

❷　周爱华 (1978—),女,硕士,北京联合大学副教授。主要教授课程有测绘学基础、计算机辅助制图、3DSMAX 设计等。主要研究方向为城市空间信息系统。近 5 年主持并参与完成科研课题 6 项,发表学术论文 10 余篇。

❸　管霞,女,北京联合大学应用文理学院地理信息科学专业 2015 级学生。

学地理信息科学专业的综合实践课程《空间数据采集实习》也进行了"课程思政"教学模式的探索，并取得了良好的效果。笔者在此分享《空间数据采集实习》的课程思政探索与实践。

一、《空间数据采集实习》与红色"1+1"活动

《空间数据采集实习》是对专业核心课《测绘学基础》课程的一次综合实践与技能提升，是地理信息科学专业的集中实践教学环节，是专业必修课程；实习安排为野外集中实习一周，室内数据处理与绘图一周。野外集中实习通常选择北京郊区特色乡村，应用传统测量仪器与手持 GPS 进行基础地理空间数据的采集，实习成果为村庄平面图和村庄特色资源分布图等。通过实习，学生可以掌握应用传统测量手段、GPS 采集数据的方法及基础的数据处理、制图方法与流程。

从课程的描述不难看出，实习是一次真实项目的模拟，实习成果可以为村庄建设所使用，实习实际上是学生的一次服务基层、回馈社会的活动。同时，在实习过程中，教师也会带领学生去了解村庄历史、传统文化，考察村庄周围的特色资源与景观，增加学生对北京的了解，拓宽学生的眼界与见识。而这个精神正好与学生党支部的红色"1+1"支部共建活动的主旨相符。红色"1+1"活动是北京高校学生党支部与基层党支部的结对活动，学生党支部可与京郊农村党支部、乡镇街道社区、企事业单位、驻京部队等结对共建，根据实际需求，组织开展科技支持、文化普及、卫生服务、知识宣讲、文艺演出等对口交流活动。因此，就设想将《空间数据采集实习》与红色"1+1"活动结合起来一起做，这是一种很好的"课程思政"模式。

二、《空间数据采集实习》与红色"1+1"活动结合的优势

《空间数据采集实习》与红色"1+1"活动都是必须要做的事情，这两项活动相结合，优势可以体现在以下五个方面。

（1）人员共用。实习的对象是地理信息科学专业二年级的学生，而红色"1+1"活动也是以二年级党员与团员为主，因此，可以人员共用，节省人力。

（2）同一时段。《空间数据采集实习》是在二年级下学期期末考试完毕之后进行，红色"1+1"活动的时间一般也是 6 月至 9 月，时间上有重合，在同一时段同时开展两项活动，节省时间。

（3）同一地点。实习地点一般选定为北京郊区特色乡村，"1+1"活动也要选择一个基层党支部建立共建关系，因此，两个活动相结合，选择同一地点，1 周的时间可以充分深入基层进行服务与学习交流。

（4）节省经费。实习有经费支持，而红色"1+1"的经费很少，因此，两个活动相结合能够极大地节省经费。

（5）成果共享。实习成果为村庄平面图和特色资源分布图等，尽管成果具有较强的实用性，但一般仅作为实习的作业上交，未产生社会效益；而红色"1+1"则需要为共建支部提供一定的成果或服务，因此实习的成果正好可以为红色"1+1"所使用，提供给共建支部，供其村庄建设或规划使用，真正践行"学以致用"的校训。

三、《空间数据采集实习》课程开展与思政内容设计

《空间数据采集实习》野外只有一周的时间，因此既要做好实习又要进行红色"1+1"共建活动，就需要将整个实习内容设计好，让实习与"1+1"活动有机结合。下面就以在门头沟区沿河城村的实习与红色"1+1"活动为例，介绍实习设计与红色"1+1"共建活动的安排。

第一天，上午进入实习地点，下午先安排支部座谈，双方支部书记介绍各自情况，我方赠送图书给共建支部，丰富村民文化生活；共建支部支书详细介绍村情，包括村庄的历史、地理、各类资源及现状情况等；完毕后，全体同学参观村庄，为后续测绘任务探勘选点。

第二天，主要任务是分组进行高程控制测量。在实习间歇安排部分党员、团员探望村中的老战士，既给予他们关怀，同时通过与他们聊天了解过去的革命历史，坚定理想信念。白天实习结束后，利用傍晚时间安排学生进行村民家访，详细了解新时代农村的生活，更多地了解基层。

第三天，主要任务是分组进行平面控制测量。实习间歇安排部分党员采访大学生村干部，更深入地了解村情、村庄发展规划，同时也了解村干部的工作及村干部的选拔过程，为同学们未来考取村干部、社区社工等提供参考；傍晚时间，全体同学祭扫抗日战争烈士纪念碑，重宣入党誓言。

第四天，主要任务为测量村庄平面图，同时每组安排一名同学组成一支特色资源考察小组，携带手持 GPS 接收机考察村庄的特色资源，并绘制特色资源分布图，为村庄旅游发展及规划建设提供基础数据。晚上，举办红色"1+1"共建联欢会，大学生文化下乡，和村民共同联欢娱乐，丰富村民的文化生活。

第五天，对前面的工作进行补充、完善，下午全体同学返回学校。则实习的外业工作完成。

返回学校后，各组分散进行数据处理、绘图、实习报告撰写以及汇报PPT制作，同时，支部党员总结红色"1+1"共建活动，并在野外测绘的基础上进行村庄旅游资源分布图、村庄交通图以及村庄旅游资源宣传手册、宣传展板的制作工作。

四、实习效果与红色"1+1"共建成果

《空间数据采集实习》已经连续开展了5年，与红色"1+1"活动结合了四年，从课程的角度，同学们练习了应用常规测量手段采集空间数据的能力，专业技能有了极大提升，吃苦耐劳的优秀品质得以锻炼；而且因为测绘成果真正地为基层村庄所使用，同学们也深切感受到专业的实用性，因此，深受同学们的喜欢，而且也有助于后续专业课的学习。红色"1+1"活动与专业实习相结合，一方面加强了学生的红色教育与首都传统文化教育，另一方面可以增强大学生服务基层的意识，树立共产主义坚定信念，树立正确的社会主业核心价值观；同时，提升支部党员的理论修养与综合素质，增强集体荣誉感和支部的凝聚力，充分发挥党员的先锋模范作用及支部战斗堡垒作用，向社会展现新时代大学生党员的良好作风。我支部的红色"1+1"活动在2016年、2017年连续两年获得北京市三等奖。

在目前课程教学"大思政"的新格局下，树立"课程思政"理念，将"课程思政"责任分解落实到所有专业教师头上，构建"课程思政"责任体系。因此，将《空间数据采集实习》与红色"1+1"活动相结合，同一时间、同一地点、同样人员完成两项任务，节省时间、人力、物力、财力，而两项任务在内容上具有一定的相通性与互补性，能够相互促进，因此，这是一项双赢的组合，是值得其他类似课程借鉴的。当然，实习中也存在一些不足之处，在后续的实习当中，任课教师要加强课程内涵的挖掘，将"课程思政"的思想更好地融入进去。

《地图学》课程思政建设研究与实践

——以地图投影为例 ●

黄建毅 ❷   付晓

【摘　要】基于课程思政的要求及学生特点分析，并结合作者自身的教学经验，文章从教学内容的选取、教学方法的选择、考核方式的改革三个方面论述了地图投影课程内容的教学改革思路，即结合专业特点选择教学内容，注重动手能力的培养，强调互动教学与自主学习相结合。实践教学表明，通过教学改革，激发了学生学习的主动性，提高了学习的兴趣性，教学效果良好。

【关键词】地图投影；教学改革；课程思政；人文地理与城乡规划专业

地图是地理学的"第二语言"，作为地理学独有的信息综合载体和教学工具，在地理学科体系中占有重要地位。从矛盾论观点来看，地图学研究内容可集中体现在地图与其描述的客观世界的基本矛盾。第一对矛盾：地图平面与地球曲面的矛盾；第二对矛盾：缩小、简化了的地图表面与复杂现实之间的矛盾。其中第一对矛盾的解决，就需要利用地图投影相关知识，即把地球椭球面上的经纬网按照一定的数学法则转绘到平面上的方法，地图投影是地图学的数学基础，在地图学知识学习框架中占有核心的重要地位。

---

❶ 北京联合大学人才强校优选计划（BPHR2017DZ01；BPHR2017EZ01）；北京联合大学教育教学研究与改革委托项目（JJ2018Z012；JJ2018Z014）的阶段性成果。

❷ 黄建毅（1984—），男，博士，北京联合大学讲师。教授的主要课程有地图学、计量地理学等。主要研究方向为城市与区域发展规划、主体功能区划、自然灾害脆弱性评估研究。

人文地理与城乡规划是一门理论与技术应用相结合的专业（后文简称规划专业），重点关注人口、资源、环境与区域可持续发展问题的研究，需要学生具有较好的地理空间思维，并掌握相关识图制图理论和方法，从课程思政角度，要建立正确的世界观和地球观，牢固树立国家领土完整性，培养学生的爱国主义精神。地图学是规划专业本科必修内容，地图投影内容的掌握是学生进行地理空间认知重构和空间制图前提和基础。但就目前的地图学教学来言，由于地图投影知识涉及较多的数学推理，且研究内容相对抽象和枯燥，通常成为"学生难学，老师难教"的课程内容。笔者结合近年来的教学体会，尝试对教学内容、教学方法、课程考核等教学环节提出一些想法与建议，以期对今后的教学有所启示和帮助。

一、针对专业培养要求，合理选择课程教学内容

（一）知识内容，突出重点，化繁为简

地图投影教学内容涉及很多方面，从当前主流的课程教材内容看，大致包括地图投影概述、地图投影原理、地图投影选择与转换三部分构成。严格意义来讲，上述内容编排更适合于测绘专业学生知识体系的构建，不大适合规划专业学生的知识学习，且课时安排也明显受限，因此需要结合专业特点及"文理兼修"的学生培养需求，以"地图投影——地理空间认知重构"核心内容为载体，在向学生讲授地图投影相关知识的过程中，不仅培养学生相关理科分析能力，同时也启发学生对地图投影科学问题引发的地图文化内涵进行思考。[1]对课程内容进行简化和提升，即讲授地图投影的概念和基本方法、地图投影的一般方程和投影变形性质、常见地图投影的特点及应用范围。其中，通过基本概念、方法和变形性质的讲解，促使学生对地图投影的科学问题有一个基本认识和理解[2]，并通过常见地图投影及其应用，使学生掌握一些常用的地图投影方式，并积极引导学生探索发现地图投影所蕴含的文化问题[3]，如图1所示，地图投影中心的选择是否具有明显的文化政治倾向。

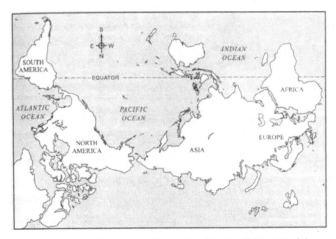

图1 以大洋洲为中心的"普遍纠正型世界地图"[4]

(二) 方法技能，强化动手，培养能力

地图学的理论性与实践性结合非常紧密，其理论性在地图制作中得到充分的表现与应用。在投影理论知识点讲解完后，可以采用实验实习的方法，通过相关的上机实验、对不同投影方式进行具体的软件操作，达到理解和巩固地图投影知识的效果。[5]实践课选用 ArcGIS 作为实习软件平台，通过实践使学生能够掌握定义地图投影的过程与方法，通过选择或定义椭球体参数、中央经线、标准纬线、投影类型及变形性质等投影参数，定义各种课堂上学习过的地图投影，例如等角、等积、等距三种变形，圆柱、圆锥和方位三种辅助面的投影，着重分析其经纬线格网的特点与变形性质，如图2所示。通过课程实习，使课堂上的这些枯燥难懂的投影，通过学生自己的操作后变得简单易懂，既增强了学生的学习兴趣与学习的主动性，又培养了学生的实践动手操作能力。

图2 不同地图投影方式的经纬网线变化对比

二、依据专业学生特点，合理选择教学方法

（一）针对专业规划特色，强调实践能力

规划专业是一门理论与技术应用相结合的专业，该专业学生以地理学为基础，重点关注人口、资源、环境与区域可持续发展问题，其中城市规划、乡镇规划以及土地规划管理等国土空间规划内容是学生重要的就业和发展方向，而这些内容需要学生具有较好的地理空间思维，并掌握相关识图制图理论和方法。因而，在讲授过程中要注重理论和实践相结合，在大地测量、地图投影等基础地理信息内容讲解时，注意侧重学生地理空间思维培养，尤其是区域宏观格局尺度的把握。同时以专题地图的制作为突破口，引导学生进行规划相关知识和技能的学习。

（二）结合生活实例，激发学习兴趣

随着地理信息时代到来，学生们可以从多种渠道获取地图相关信息，且地图的形式和内容日趋多元化。[6]虽然学生们已经掌握了一定的用图技能，但由于地图学基础知识的缺乏，学生们在学习生活中会出现一些常识性地图错误，降低了这些资源的有效利用程度。地图投影在实际生活中应用十分广泛，为了提高学生对于这一部分知识内容的兴趣，

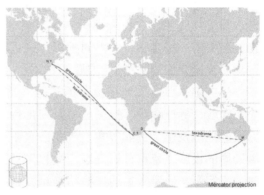

图3 墨卡托投影中的等角航线和大圆航线的对比

增加学生学习的主动性，教师在讲授时若能结合身边的例子引入相关的概念与教学内容，能起到深入浅出的效果。从具体的生活实例出发，如图3所示，大圆航线和等角航线的对比，剖析人们因忽视地图基础知识而带来地理常识性认知错误或者误区，激发学生的学习兴趣，提高学生用图制图的能力。

（三）依托学生特点，强调课堂直观性和学习主动性

目前的教育培养和招生模式，地理在高中属于文科，而在大学却属于理工类专业，本专业在招生时实施文理兼收政策，学生学科基础差别很大，且

在多学科知识交叉背景下，学生已经不再适应从"知识到知识"的传统的教学模式。讲授过程中强调数形结合法和地理空间思想的传输，借用多媒体等形象化教学手段，以问题导入的教学方法，引导学生主动学习。同时在教学中要加强信息科学、数学科学、艺术设计、哲学等多门学科之间的联系，使学生文理兼顾，具备宽阔的知识面，以便快速更新知识。

三、引入多样化考核方法，强化学生技能培养

地图投影教学内容具有很强的实践性，特别是对于人文地理与城乡规划专业的学生来说，该部分是地图制图的数学基础，为了能够真实反映学生的学习状态与学习效果，除了最终的课程考试外，我们更强调课堂考核、课外阅读、上机实践相结合的考核方法。

（一）课堂考核——基础理论知识的理解

课堂考核主要是针对学生课堂上的学习状态、学习效果以及已学知识的考核。可以通过课堂提问、教学互动、课堂小测验、学生出勤等方式考核。课堂教学过程中，要注意学生的课堂反应，及时互动与提问，以便达到较好的教学效果。

（二）上机实践——地图制图能力的掌握

上机实践通过学生学习和使用 Mapinfo 或 ArcGIS 软件，制作不同投影类型的带有 10°经纬格网的世界地图。通过这一实践课程，要求学生熟练掌握地图投影定义的过程与方法、地图投影的选择与地图投影经纬格网变形的性质与特点等。要求每位同学上交不同类型地图投影的世界地图，并对比其经纬格网的长度变形与角度变形特点，强化学生对地图投影变形性质的理解。此外，上机实践还有一部分内容就是要求同学掌握不同类型地图投影的转换的过程与方法，并对比转换后不同类型地图投影的三大类变形特点。

（三）课后阅读——拓展兴趣知识

地图投影相对比较抽象，为了让学生能够及时巩固课堂学习的知识，完成课下作业十分必要。作业的内容主要是一些探究性学习的内容[7]，比如在新近出版的中国及世界地图集中，分别找出课堂上学习过的投影；不同类型的地图投影的识别与转换；地图投影的定义与选择；地图投影计算；简单的地图投影经纬网的绘制等。

经过近年来的教学改革，有效地提高了规划专业地图投影课程的教学效果，帮助学生树立了正确的世界观，培养了学生的爱国主义精神，夯实了本专业学生的专业基础，为进一步学习相关的专业课程奠定了良好的基础，而且提高了学生的实践能力与动手能力。因此，毕业生以良好的基本功和较强的动手能力也受到了工作单位的一致好评。

参考资料

[1] 钟业勋，胡毓钜，乔俊军. 地图投影的科学美和艺术美 [J]. 海洋测绘，2012 (02)：75-78.

[2] 张慎佳. 浅谈如何讲授"地图投影"这一章 [J]. 地图，1988 (03)：40-43.

[3] 何光强，宋秀琚. 地图投影与全球地缘政治分析：一种空间认知的视角 [J]. 人文地理，2014 (02)：113-122.

[4] 斯皮克曼. 和平地理学 [M]. 刘愈之，译. 北京：商务印书馆，1965：16，34.

[5] 闫庆武. 地理信息科学专业"地图投影"课程教学改革与实践 [J]. 测绘与空间地理信息，2015 (01)：7-9.

[6] 田厚安. GIS 的发展与地图投影 [J]. 中国科技信息，2006 (21)：141-143，145.

[7] 刘宇辉，曲安京. 地图投影与流形的起源 [J]. 科学技术哲学研究，2016 (06)：83-87.

《城市地理学》课程思政建设探索❶

谌丽❷　张景秋

【摘　要】我国将德育纳入教育综合改革重要项目，表明高等教育中的思想政治教育工作受到社会的高度关注，思政课程逐渐向课程思政转变。本文对《城市地理学》课程思政途径进行探索，提出结合课程特色和行业要求，设定认知目标、情感目标与行为目标，将课程内容与爱国主义教育、价值观培养、职业素养教育、社会公德教育相结合，采取多元化的实施方式，满足新时期人才培养的新要求。

【关键词】城市地理学；课程思政；实施方式

一、《城市地理学》课程思政建设的必要性与可行性

《城市地理学》是人文地理与城乡规划专业的专业必修课程，人文地理与城乡规划专业旨在培养在土地利用规划、城乡规划、国土与住房等方面（或领域）从事调研、分析策划、规划设计、评估咨询等技术和管理工作的高素质复合应用型人才。他们肩负着国家和地方城市规划重担和大业，必须树立正确的大局观，有良知、有责任感、有情怀。而《城市地理学》着重研究城市（镇）的形成发展、性质规模、分布格局和空间结构，从空间方面探索城市发展的规律，城市规划中有关城市的性质、空间组织、用地功能组织以及诸多城市问题的解决，均需采用城市地理学的理论和方法，因此本课程的知识对城市建设的决策具有重要意义。换言之，《城市地理学》是培养未来城市

---

❶　北京联合大学 2018 年度教育教学研究与改革委托项目：《城市地理学》课程思政建设研究与实践（JJ2018Z013）及北京联合大学人才强校优选计划（BPHR2017DZ03）的阶段性成果。

❷　谌丽（1985—），女，博士，北京联合大学副教授。教授的主要课程有城市地理学、城市形态与结构、专业文献检索与分析等。主要研究方向为城市与区域发展规划、居住环境研究、居民行为与感知研究等。

规划、管理、咨询人才的基础，因此必须承担起培养学生正确大局观的责任，这也是《城市地理学》课程思政建设的必要性所在。

另外，《城市地理学》教材中蕴藏着极为丰富的爱国主义、价值观念培养、社会公德培育的内容，素材十分广泛，具有开展课程思政实践的可行性。例如，教材中系统介绍我国城市化的历史进程，既包括城市的职能分类、规模分布等宏观内容，又包括城市内部规模扩张、土地利用变化等中观、微观内容；既可以让学生了解深刻理解祖国建设的辉煌成就以及改革开放以来的巨大变化，同时也可以让学生了解我国城市发展过程中方方面面面临的问题，展望美好的未来，从而激发学生热爱祖国的崇高感情和建设祖国的强烈使命感。

因此，《城市地理学》具备开展课程思政实践的基础，下文将尝试对《城市地理学》开展课程思政的目标、内容和实施方式的探索进行总结，为其他专业课程思政课的实践提供一些参考。

二、《城市地理学》课程思政的目标设计

结合专业培养目标和《城市地理学》课程特色，以"知识传授与价值引领"相结合的原则为基础[1]，将课程思政教学目标分解为认知目标、情感目标和行为目标。

1. 认知目标

认知目标是让学生在学习城市发展理论的同时，了解世界各国城市发展实践的经验和教训，从而认识到科学制定城市规划和政策的重要性。

2. 情感目标

情感目标是通过我国城市发展的辉煌历史、现状和困难，理解我国城市发展的曲折历程和现有成果的来之不易，激发学生的文化自信，引导学生树立爱国、爱家情怀，进而产生规划师的责任感。

3. 行为目标

行为目标是通过参观学习、实地调研等实践过程引导学生树立正确的人地协调观，形成良好的道德修养，树立节能环保的意识，并引导学生综合运用所学理论，分析和解决城市问题，将建设家乡、建设祖国的情怀转化为实践行动。

认知目标、情感目标和行为目标环环相扣，润物无声地培养学生形成正确的人生观、世界观和价值观，并具备相应的分析能力。

三、《城市地理学》课程思政的内容塑造

1. 爱国主义教育

《城市地理学》课程中蕴含着丰富的爱国主义教育内容。例如"绪论"中介绍我国古代城市的形成与发展，了解我国古代城市发展在世界的地位，增强学生的文化自信。而爱国主义内容最为集中的是在第三章"城市化的历史进程"，通过对发达国家、发展中国家和我国城市化进程的比较，了解我国城市化道路的曲折与艰难，同时也让学生了解新中国成立以来城市化水平由仅 10% 发展到 57%，了解北京、上海等城市逐渐成为继纽约、伦敦、巴黎之后的国际大都市，从而让学生深刻理解祖国建设的辉煌成就、改革开放以来城市化建设翻天覆地的变化。同时让学生了解我国城市化发展现状，认清面临的问题，了解我国当前城市化政策制定的背景和意义，从而对未来从事城市规划工作起到帮助作用，展望美好的未来，从而激发学生热爱祖国的崇高感情和建设祖国的强烈使命感。此外，在其他章节中也将融入我国发展的实际案例，增进学生对我国城市发展的了解。

2. 价值观培养

人地协调观是地理学的核心观念，指人们对人类与地理环境之间形成协调关系的必要性和可能性的认识、理解和判断。[2] 城市和生态环境是相互影响、相互促进、关联性很强的两大系统，也是人地关系最为紧密、问题最为突出的场所，因此《城市地理学》是培养学生正确人地协调观的重要载体。《城市地理学》课程的第一章绪论和最后一章"城市问题"中两次提及城市是人类社会和经济技术发展到一定阶段的产物，城市的形成及选址受自然环境的制约，同时人类能力的快速发展也将对环境产生巨大的影响，我国城市化的规模与速度前所未有，也带来了许多生态破坏和环境污染的问题，对人类社会的可持续发展提出了严峻的挑战。课程中让学生讨论经济发展和环境保护两者之间的关系，并让学生通过实地考察和资料收集，对这个问题形成深刻的认识，从而渗透人地协调观点的教育，让学生在未来从事城市规划管理及咨询工作时能做出更加科学的决策。

3. 职业素养教育

城市规划与管理涉及社会学、人口学、管理学、经济学等众多学科，要求城市规划师和管理者能高屋建瓴、博采众长，有宏观决策的能力。[3] 更为重要的是，城市规划和管理涉及千千万万市民的切身利益，城市规划和管理者

必须树立"以人为本"的理念，真正从广大市民的长远利益出发，而非片面追逐政绩或迎合开发商。不仅如此，还需要培养学生用理性的法制观念约束城市规划工作，而不是随心所欲。这些内容在《城市地理学》第七章"区域城镇体系规划"中体现，通过规划制定流程的详细讲解和前往城市规划单位参观等方式，让学生树立起城市规划职业的责任感。

4. 社会公德教育

在第八章、第九章的学习过程中，将以北京为例，介绍北京土地功能分割导致的职住分离现象，从而引起严重的交通拥堵问题，同时以南水北调为例引出北京水资源匮乏等问题，使学生认识到绿色出行、绿色生活的重要性，引导学生采用公共交通、步行、自行车出行等绿色出行方式，以及节约用水、用电的绿色生活方式，培养良好的行为习惯。在掌握专业技能的同时，提高学生的思想觉悟和综合素质。

四、《城市地理学》课程思政的多元化教学实施方式

《城市地理学》课程教学环境设置在多媒体教室，以老师课堂授课为主，由老师讲述理论知识点，将课程思政内容自然融入课程学习中，方式包括实际案例讨论学习、课后扩展思考与作业练习、规划设计研究院实地参观以及学生自己主导的调研实践等。通过多元化的教学实施方式不断强化思政内容，提升学生的感悟，从而达到课程思政目标。每一章节的课程思政教学实施方式见表1。

表1　课程思政教学实施方式一览表

章	课程思政教学实施方式
（一）绪论	理论学习
（二）城市化原理	1. 理论学习 2. 案例讨论：北京老城功能重塑过程中的问题
（三）城市化的历史进程	1. 理论学习 2. 案例讨论：我国各省区城市化水平的差异及其成因分析
（四）城市职能	1. 理论学习 2. 案例学习：我国资源型城市的界定与现状问题 3. 扩展练习：利用区位商计算地区主导产业
（五）城市规模	1. 理论学习 2. 案例讨论：我国第五直辖市的选择

续表

章	课程思政教学实施方式
（六）城市空间分布体系	1. 理论学习 2. 案例讨论：东北门户城市的选择
（七）区域城镇体系规划	规划设计研究院实地参观
（八）城市土地利用	1. 理论学习 2. 案例学习：北京城市职住分离
（九）城市问题	调研实践

五、结语

高等教育中的思想政治教育工作受到社会的高度关注，行业企业对人才的道德修养、人格品质、职业道德等也提出了更高的要求。专业课程中的思政教育首先应坚持育人导向，与自身特色和行业企业要求相结合，合理制定思政目标，提炼课程思政内容，选择多元化、全方位的渗透方式，让学生充分吸收课程中的思政教育内容。

参考资料

［1］高德毅，宗爱东. 从思政课程到课程思政：从战略高度构建高校思想政治教育课程体系［J］. 中国高等教育，2017（1）：43-46.

［2］李小云，杨宇，刘毅. 中国人地关系的历史演变过程及影响机制［J］. 地理研究，2018，37（08）：1495-1514.

［3］金笠铭. 新的规划理念与职业素养的培育［J］. 规划师，1998（02）：26，29-30.

第三部分　课程建设篇

人文地理与城乡规划专业规划设计类课程的建设策略❶

——以北京联合大学应用文理学院为例

刘剑刚❷

【摘　要】文章总结了北京联合大学应用文理学院人文地理与城乡规划专业依托专业特点，对规划设计类课程进行教学改革的思考与实践。针对规划设计类课程教学存在的问题，提出了应用型人才专业培养目标下人文地理与城乡规划专业规划设计类课程特色建设的策略与措施。

【关键词】人文地理与城乡规划；规划设计课程；课程建设

北京联合大学应用文理学院人文地理与城乡规划专业（原资源环境与城乡规划管理专业）是在原北京大学分校地理系的基础上成立的，创立之初的课程设置具有较强的地理学背景，探索专业应用性改革之后，开设了部分规划设计类课程，但教学内容相对简单，专业训练还不系统，只是作为地理学课程体系的一个延伸与补充。经过多年的探索与实践，北京联合大学应用文理学院人文地理与城乡规划专业成为国家级特色建设专业，规划设计能力作为学生专业培养的核心能力被确定下来，规划设计类课程逐渐被纳入专业核心课程体系之中。为了适应这一形势变化，课程定位、教师队伍、教学目标、教学计划都做了大幅度调整，不仅课程类型增多，教学内容也大为拓展。规划设计类课程形成了以城市规划原理、城市设计、住区规划与设计、场地设计、建筑学基础、景观设计、城市解读与规划设计等为主的规划设计类课程群。

---

❶　北京联合大学 2018 年度教育教学研究与改革委托项目："专业思政"建设方案研究——人文地理与城乡规划管理专业（JJ2018Z012）的阶段性成果。

❷　刘剑刚（1972—），男，硕士，北京联合大学副教授。教授的主要课程有建筑学基础、城市设计、中国古代建筑、建筑遗产保护与利用等。主要研究方向为城市设计与历史城市保护、建筑历史与理论。

一、存在问题

(一) 设计基础环节教学相对薄弱

形态构成、表现技巧是规划设计能力的基础环节，人文地理与城乡规划专业在这些基础环节的教学内容和课程训练较为薄弱，规划设计课程主要讲授设计基本知识、基本原理和设计案例分析等内容，缺乏系统扎实的设计基本功训练。学生面对设计任务时，往往陷入想法颇多、但无从下手、无从评价、无法深入表达或表现的境地，缺乏把设计立意形象化的能力，这样学生很难体会到规划设计过程的乐趣。如果不加强基础环节的教学，规划设计类课程教学质量和教学效果很难提升。

(二) 教学方法未有效整合

人文地理与城乡规划专业的传统基础核心课程是地理学课程（自然地理学、经济地理学、城市地理学等），地理学主要从科学认识的角度，形成了从宏观到微观的思维方式与教学体系，这些课程在专业技能和素质培养方面更加注重调查、研究、分析的能力。而城市规划与建筑设计则偏重于从工程实践的角度，形成了恰好与之相反的从微观到宏观的操作模式与教学传统。[1]这两种教学体系并行运用到教学实际中，学生能否适应，教学方法能否得到有效整合，需要在教学过程中深入探索。

(三) 教学组织体系尚不完善

人文地理与城乡规划专业的规划设计类课程一般是根据师资变化情况和专业发展需要逐步逐门补充上去的，没有形成一个完整的课程体系，也缺少为充分发挥整体效能而进行的有效组织和安排。不同类型的设计课程之间缺乏有效衔接，各门设计课程教学内容与要求大多由教师自行决定，难以形成整体协同效应。

(四) 规划设计实践环节训练缺失

城市规划设计强调实践，理论与实践结合是培养学生规划设计能力的重要途径。规划设计类课程的后续规划设计实践环节的能力训练普遍不足，学生参与城市规划设计实践的机会相对较少。缺乏规范的规划设计实践的锻炼，学生很难具备从事实际工程项目的规划设计能力。

二、建设策略

(一) 明确"整合能力 + 思维创新"的课程教学目标

课程建设的关键是确定课程教学目标，课程目标的根源在于专业培养目标。北京联合大学应用文理学院人文地理与城乡规划专业的培养目标是"高素质应用型人才"。基于"高素质应用型人才"的培养目标，我们确定规划设计类课程应该体现"整合能力 + 思维创新"的教学目标。

一般认为，规划设计中的整合能力包括两个递进的层次。其一，掌握基本的规划设计理论和设计方法，能够运用所学知识发现问题、分析问题，通过整合收集到的信息，创造性地设计解决问题的方案；其二，有能力对设计过程中发现的新问题进行归类，找出问题的本质，以实践为基础，完成对既有理论和技术体系的总结、提炼和升华。规划设计类课程中思维创新能力的培养包括3个相互关联的内容：人格塑造、思维训练与能力构建。人格塑造强调培养独立个性和批判精神。思维训练强调纵向的、探寻事物本源的逆向思维训练，以及横向的、涉及事物多元要素的发散思维训练。能力构建注重两个方面，一方面是整合信息、资源的能力，另一方面是运用空间形态语汇规划设计的能力。[2]

按照这样的课程教学目标，人文地理与城乡规划专业规划设计类课程的总体定位，应该包括如下要点：第一，课程教学突出"整合能力"的培养，在整合已有信息、资源的基础上，能够在规划设计过程中发现问题、分析问题，进而设计解决问题的方案；第二，注重营造课堂氛围，鼓励学生个性发挥；第三，在课程教学过程中，通过教学环节的安排和阶段教学目标的设定，强化基本设计技能和创新思维的训练。

(二) 形成"三尺度递进协同"的规划设计类课程体系框架

规划设计类课程应该以规划设计能力的培养为基准，形成一个有机的课程系统。每一门课程作为这个系统的一个构成要素，课程设置合理恰当与否，不仅取决于课程本身，更取决于与课程系统的关系。经过多年实践，根据人文地理与城乡规划专业的培养目标，形成了以城市规划为核心，包括微观尺度的建筑设计，中观尺度的景观设计、居住区规划和城市设计，宏观尺度的城市总体规划和区域规划，城市解读与规划设计集中实践课程，以及相关的设计基础和计算机辅助设计课程。

在课程教学安排中，规划设计类课程贯穿大学二年级至四年级。二年级的建筑学基础课程被整合为"设计基础"平台课程，包括建筑概论、基本设计理论、表现技法和初步设计等内容，由三、四年级的景观设计、居住区规划、城市设计、城市规划原理等课程共享。在教学过程中，规划设计类课程遵循共同的原则：第一，注重基本设计思维的培养；第二，以空间认知能力和空间组合设计方法为主要训练内容；第三，在城市组团和单体建筑的不同尺度上提供多元化的课程题目；第四，教学采用集体讲授、个别辅导和集中评图的方法，学生可以通过观摩、讲授、评图等不同环节，体会相应规划设计方法的运用。

课程体系框架的建立，要求以系统的观点看待课程建设，课程之间的问题比课程本身更为重要。所谓课程之间的问题主要包括同类课程的历时性递进问题，比如从设计初步、简单课程设计到复杂课程设计；以及不同类型课程的共时性协同问题，比如地理学课程与规划设计课程的协同。基于专业特点，我院人文地理与城乡规划专业规划设计类课程都有一个依托学科（人文地理学科）、关联发展的思路和过程，逐步形成了以课程群和教学平台为基础、具有复合结构特征的跨专业课程体系，希望能够有效整合资源，形成特色。

（三）设定培养思维创新能力的课程训练模式

规划设计类课程在创新思维训练方面，主要设定了 3 个目标：①强调拓展思维深度与广度的习惯性思维方式的调整；②强调追溯本源的逆向思维训练；③强调提高综合能力的发散思维训练。

思维习惯是在特定的文化背景中形成的，调整思维习惯，拓展其深度与广度是形成创新能力的重要因素。很多时候"没做到"的根源，不在于知识储备不足或是技能技巧不够，而是因为"没想到"。很多"没想到"并不是想不到，而是不习惯于"从这样的角度""以这样的方式"去思考。在规划设计类课程的课程设计中，要求学生对设计任务、建设场地进行以"人—行为—空间"为主线进行深度体验与思考，在充分调研的基础上，提出空间解决方案。

逆向思维的训练，在教学过程中强调"观察"与"思考"。基于这个原则，在规划设计课程中适当安排快速设计，重新思考城市、建筑或景观中基本构成要素的本源。例如，在城市设计中可以探索街道的本源，课题要求学生仔细观察、重新思考街道的构成和基本功能以及街道在城市环境中的各种物质价值和文化意义，并在此基础上重新认识和设计城市街道。

发散思维是创新思维最重要的特点，发散思维的训练可以结合教学环节，设置开放性、一题多解的课题。比如课题"居·居者有其屋·诗意栖居"，用于拓展学生对人居环境、城市、建筑的内涵与外延的理解。

（四）落实多元化设计课题命题方式

对于规划设计类课程来说，教学意图和教学目的要通过设计课题训练才能实现。设计课题是保证规划设计类课程教学效果的最有效途径。进行课题设计的原则是：第一，明确课题的教学目标和分项任务（思维训练、空间语汇训练、技能技巧训练、综合应用等）；第二，命题方式多元化，课题具有开放性，可以从多角度对问题提出解决方案；第三，引入文化因素，涉及较多的是城市和建筑的地域性以及城市文化遗产的保护、继承与创新。

根据各年级规划设计类课程的教学要求，可采用常规性、探索性、实验性和专项性等多种设计课题。常规性设计课题主要关注基本知识的理解、基本技巧的培养和基本技能的训练，教学中根据不同题目进行分组指导，采用示范、讲解和评价的方式进行教学；探索性设计课题关注不同尺度空间的认知能力和发掘城市问题能力的训练，注重从不同角度认识课题，教学中通过交流、案例分析和虚拟现实的手段，分析多纬度、多元化不同规划设计方法的利弊；实验性设计课题关注新的规划设计理论、思想的实践和创新意识的培养；专项性设计课题注重综合能力的培养，运用城市规划设计的综合知识和技能解决具体的城市规划设计问题。

（五）营造规划设计文化氛围，培养学生学习钻研兴趣

研究显示，通过改变学生所处的学习环境可以提高学生的学习效果。[3]文化氛围的潜移默化有时对学生专业学习的影响比课堂讲授还要深刻持久。一个好的专业学习环境，除了有高水平的教师队伍、良好的教学设施外，浓厚的规划设计文化氛围也是必不可少的要素。

人文地理与城乡规划专业由于历史方面的原因，规划设计的文化氛围有所欠缺，这对规划设计类课程教学不利。在规划设计类课程的教学过程中，先在课堂、专业教室等小环境中积极营造出生动活泼的规划设计文化氛围，一方面要靠教师的言传身教，另一方面还要注意发挥学生学习的积极性、主

动性与创造性。还可通过经常开展一些有利于激发学生钻研探索兴趣的课外活动来加以推动，如组织参观、调研设计案例、举办设计论坛与优秀学生设计作业展览、邀请校内外专家学者进行学术讲座等。

（六）探索多种教学模式的有效融合，促进教学方法的创新

城市规划、建筑学等规划设计专业传统上属于工科范畴，人文地理与城乡规划专业的教学传统以理科模式为主，因此规划设计类课程的教学方法涉及不同教学模式的融合问题。人文地理与城乡规划专业以地理学为主体的教学模式虽与规划设计专业的教学模式存在差异，但有许多优点与经验值得规划设计类课程教学加以借鉴与吸收，如注重理论与知识的逻辑性与系统性、鼓励自由探索与发现、强调教学与科研相结合等。由于这种模式对于理科学生而言是最熟悉、最习惯的，如果能将一些优点与好的经验有效嫁接到规划设计类课程的教学中去，不仅可以让学生更快更好地适应规划设计课程的学习，同时也有利于课程教学水平与质量的提升。多年的教学实践也证明，必须根据学科专业的实际与特点，尽可能地融合多种教学模式，不断创新规划设计类课程的教学方法与手段，切实提高人文地理与城乡规划专业学生的规划设计能力。

（七）强化设计基础教学，做实规划设计实践环节

人文地理与城乡规划专业的规划设计类课程的门类与课时都在不断增加，但学生的规划设计实践能力却没有得到明显提升，仍难以适应规划设计业务的实际需要。造成这一现象的根源，一方面出在教学上，要适当开设新的选修课程，拓展规划设计教学领域，丰富设计教学内容，还要加强设计基础课程与基础环节教学，强化学生设计基本技能与思维方式的训练，彻底改变学生设计基本功差的状况。没有扎实的规划设计基础训练，学生规划设计实践能力的发展与提升也就成了无源之水、无本之木。

另一方面，规划设计的实践性决定了规划设计类课程教学的根本目的是培养与提升学生的规划设计实践能力。理论与实践结合是培养学生规划设计能力的重要途径，没有得到一定数量严格而规范的规划设计实践的锻炼，应该说学生很难具备从事具体项目的规划设计能力。要走出目前的教学困境，必须以规划设计实践能力培养为重点。多年来，人文地理与城乡规划专业的规划设计课程以教师科研为依托，积极为学生创造各种规划设计实践机会。

例如，规划设计课程教师与北京学研究基地密切配合，结合北京历史文化名城保护和全国文化中心建设，组织学生参加北京城市规划与建设实践，并在规划设计课程教学与课题设计中引入了北京城市和建筑的地域文化要素，不仅激发了学生的学习兴趣，而且锻炼了学生的规划设计实践能力，取得了较好的教学效果。

北京联合大学应用文理学院人文地理与城乡规划专业通过规划设计类课程的建设与改革，明确了规划设计类课程的教学目的和培养目标，提高了学生整合信息资源和创新思维的能力，培养了学生自主学习的兴趣。目前，我们的规划设计类课程的建设和改革处在逐步推进的过程中，还有很多问题尚待解决。同时，我们也认识到，人文地理与城乡规划专业的规划设计类课程不可能彻底转向工科院校的规划设计专业的模式，而是要尽可能地提高现有规划设计类课程的教学水平与质量，改善教学效果，不断增强学生的规划设计实践能力。人文地理与城乡规划专业的规划设计类课程的教学改革必须循序渐进，有所取舍，突出特色。

参考资料

[1] 章光日. 综合性院校城市规划专业设计类课程教学改革的若干思路 [J]. 高等建筑教育, 2008（5）: 69-74.

[2] 胡雪松. 专业特色框架下建筑设计课程的特色建设策略 [J]. 建筑学报, 2010（10）: 18-23.

[3] 麦克尔·普洛瑟. 理解教与学 [M]. 潘虹, 陈锵明, 译. 北京: 北京大学出版社, 2010: 10.

《经济地理学》课程亦庄新城区域规划专业实习教学目的分析[❶]

董恒年[❷]　逯燕玲　丁楠[❸]

【摘　要】《经济地理学》是大学本科人文地理与城乡规划专业的主干课、基础课或核心课，通过实习使学生深刻理解并掌握学科理论与方法及其在城乡规划实践中的应用，是《经济地理学》开展区域规划专业实习最基本也是最普遍的教学目的。但就特定实习对象而言，《经济地理学》课程的区域规划专业实习教学目的，无疑是具体的和特殊的。本文从亦庄新城这一特定实习对象出发，着重探讨了通过对亦庄新城初始区位条件的观测与分析，进而掌握区位决策在区域规划实践中的应用；通过对亦庄新城发展定位与规划的调整及区域功能转变所引致的一系列变化的客观事实的观测，进而把握区域发展定位与规划及其功能的影响；以及通过对亦庄新城发展时空背景的了解，进而理解和把握学科理论的时代性及其指导意义等教学目的。

【关键词】经济地理学；亦庄新城；区域规划；专业实习；教学目的

在教育部公布的我国普通高等学校本科专业介绍中，《经济地理学》课程一直被视为本科人文地理与城乡规划专业的主干课程（中华人民共和国教育部高等教育司，2012），许多大学甚至在其本科专业培养方案中，将《经济地理学》课程设定为专业基础课或专业核心课。这种情况表明，作为一门兼理论内容和实践应用而有之的复合型课程，《经济地理学》在人文地理与城乡

---

❶ 项目来源：北京联合大学 2018—2019 年度校级专业核心课《经济地理学》建设。

❷ 董恒年（1962—），男，博士，北京联合大学副教授。教授的主要课程有经济地理学、中国地理等。主要从事区域经济、旅游规划领域的教学与研究工作，发表学术论文 10 余篇。

❸ 丁楠（1994—），女，北京联合大学硕士研究生，主要研究方向为文化遗产区域保护规划。

规划专业的专业教学中，野外实践教学与课堂理论教学有着同等重要的地位。从课程思想理论内容与城乡规划实践应用相结合的视角看，不论是以区位论为基础的区位决策规划分析，也不论是以区域的结构与功能、区域经济发展以及区域分工与协作及区域间的竞争与合作等理论为基础的区域规划经济分析，更不论是以经济全球化、地区经济一体化和反全球化等思想理论为基础的区域规划全球化背景分析，无不需要在深入浅出的课堂理论教学基础上，辅之以典型、直观且易于实习观测的相应实践教学活动，只有这样，才能使学生深刻领会和掌握区位理论、区域经济发展理论及全球化理论等理论内涵，并将其恰当地应用到城乡规划实践中，也才能收到课程理论教学与规划实践应用有机结合的预期效果。

一、区域规划专业实习亦庄新城观测区的选取

亦庄作为首都北京最早设立的国家级经济技术开发区，自 1994 年国务院批准设立至今，已有 24 年发展历程，其间经历过两次发展定位与规划的调整及区域功能的相应变化。无疑，这些调整与变化，通过土地利用与空间结构、基础设施与公共服务、居住与产业和建筑与景观等，被完整地记录在亦庄大地上。因此，今天的亦庄新城，既是经济地理相关理论在亦庄规划实践中应用的现实载体，又是不同时期和不同类型具体规划方案及其调整情况在亦庄实施的直接结果，是《经济地理学》课程无与伦比的区域规划专业实习典型观测区。

与理论教学相一致，明确课程在特定区域开展区域规划专业实习的教学目的，是设计区域规划专业实习野外教学观测方案的前提和基础。就亦庄新城的区域规划专业实习而言，可将对亦庄新城初始区位条件及其规划决策实践的观测和认识，对亦庄新城发展定位与规划的调整及区域功能转变所引致的各种变化事实的观测，以及对亦庄新城发展时空背景的了解和认识等纳入其教学目的中。这是因为，首先，任何区域规划都不能规避区位条件分析和区位决策，今天亦庄新城的现实空间区位，既受北京经济技术开发区初始区位决策的显著影响，同时也因亦庄新城内外发展条件的变化而发生变化，这无疑为区位条件分析及区位决策实践观测提供了有利条件。其次，在亦庄新城短短 24 年的发展历程中，由于其发展定位和规划及区域功能几经调整和变化，因而也决定了亦庄新城作为课程区域规划专业实习观测内容的丰富性、变化性和复杂性。事实上，正是对亦庄新城富于丰富性、变化性和复杂性的客观事实的实习观测，才使学生深刻理解亦庄新城发展定位和规划

的调整及区域功能转变所产生的影响。最后，任何区域规划都离不开区域
发展时空背景的分析，而正是这些时空发展背景与条件孕育了富有时代特
征的区域增长与发展理论，反过来讲，只有对特定区域发展时空背景条件
进行深入了解和分析，才能有效理解特定时空背景条件所孕育的富有时代
特征的区域增长与发展理论，也才能使这些理论在区域规划实践中得到正
确运用。

二、初始区位条件观测与分析

区位条件分析及其规划布局决策实践，历来是任何区域规划机构及从业
人员需要面对和解决的空间布局决策问题。今天亦庄新城的实际空间区位，
主要受设立之初的北京经济技术开发区（后文简称"亦庄开发区"）的初始
区位决策实践所影响，因此，可以让学生通过对初始区位条件进行观测与分
析进而掌握区位决策在区域规划实践中的应用。

亦庄开发区始建之时，北京中心城区的边界尚在今三环路附近，而拟设
立的亦庄开发区，距中心城区东南部分钟寺桥一带的三环路边界，尚有 7.5
公里的空间距离。根据当时北京中心城区的规模大小及发展速度等情况分析，
这一空间距离可以在较长时期里满足其在东南方向的扩张和发展需要。因此，
当时之所以将亦庄开发区决策布局于大兴东北部和通州西部的亦庄镇附近地
区，可能着重考虑了以下几方面的区位条件及影响因素。

第一，作为外向型特殊经济区（Special Economical Zone），首要考虑的
区位条件是货物进出口口岸及运输的时间与空间成本大小。亦庄镇附近地
区位于北京中心城区的东南部，1993 年投入使用的我国第一条北京直达天
津港的世行贷款高速公路项目——京津塘高速公路，恰好经过亦庄镇和马
驹桥镇一带，在此建设外向型特殊经济区，不但能便捷地利用空间距离最
短和当时最为现代化的高速公路，而且还能便捷而有效地利用货物进出口
口岸天津港。

第二，要考虑特殊经济区未来发展的后备土地资源情况及地理空间大小
等区位条件。亦庄镇附近地区，不但有平坦且充足的可利用现状建设用地资
源，而且其东部、东南部及西部，均为通州和大兴的广大乡村地区，后备发
展用地极为广阔和丰富。

第三，作为地方政府主导开发的特殊经济区，还要考虑土地开发成本及
地方政府的资本投资实力等条件。亦庄镇附近地区当时是以城郊农业为主的

乡村地域，在此建设外向型特殊经济区，是将大面积的乡村用地转换为制造业生产为主的工业园区用地，土地开发成本相对较低，对当时资本仍很短缺的北京地方政府而言，这是非常重要的区位决策因素。

此外，作为外向型特殊经济区的主要依托城市，北京还拥有高等院校和科研机构及高端咨询服务机构众多等优势区位条件，能为未来亦庄开发区这一国家级外向型特殊经济区的发展提供及时、有效和可靠的技术发明、管理培训及各种咨询服务等。

因此，在亦庄新城的《经济地理学》课程区域规划专业实习观测方案设计中，应安排较为适宜的实习观测点，通过指导教师的现场讲解，使学生全面认识并深刻理解今亦庄新城的初始区位条件及其规划实践应用与决策情况，通过实地现场教学，有助于学生学习和运用经济地理区位分析理论思想及其原理和方法。

三、区域发展定位与规划及其功能的影响

自从以高新技术企业的集聚与制造业发展为主导功能的国家级亦庄开发区规划实施以来（北京经济技术开发区经济发展局，2006），到 2004 版《北京城市总体规划》和 2005 版《亦庄新城规划》确定综合产业新城发展定位并调整其规划（中国城市规划研究院，2005；北京市规划委员会，2007），再到 2016 版《北京城市总体规划》完善新城发展定位（宜居宜业绿色新城）并调整其规划（北京市城市规划设计研究院等，2017），亦庄新城首先经历了从城郊农业为主导功能的乡村地域，向高新技术制造业为主导功能的特殊经济区的转变，而后开始向电子、汽车、医药、装备制造等高新技术产业为主导功能的综合产业新城的转变，再之后又开始向具有全球影响的创新型产业集群与科技服务中心，及我国重要的战略性新兴产业基地与制造业转型升级示范区为主导功能的宜居宜业绿色新城的转变。

上述发展定位与规划的调整及区域功能的转变，直接引致亦庄新城在土地利用与空间结构、基础设施与公共服务、居住与产业、建筑与景观等许多方面出现了一系列新的显著变化，且在亦庄开发区孤立发展阶段（1994—2004 年）、亦庄开发区与综合产业新城融合发展阶段（2005—2015 年）及亦庄开发区与宜居宜业生态新城融合发展阶段（2016 年至今）留下了相应的时代烙印（见表 1、图 1 和图 2）。

表1　亦庄新城发展定位及规划的调整和区域功能的转变引致的各种变化（2017 年）

变化要素		亦庄开发区孤立发展阶段 （1994—2004 年）	与综合产业新城融合发展阶段 （2005—2015 年）	与生态新城 融合发展阶段 （2016— 年）
土地利用的变化	土地利用范围变化	1994 年批准设立时面积为 22.5km²，北起今南五环路，南至今康定街，西自凉水河，东至今经海路；2002 年国务院批准扩区 24km² 面积扩至 46.8km²，东界扩至今康化路—嘉创路—通马路—京津高速公路一线，南界扩至凉水河及西南部六环路一带，西界扩至凉水河至今博兴八街一线	2005 版《亦庄新城规划》首次划定亦庄新城范围 212.7km²（含大兴亦庄镇、瀛海镇和旧宫镇南海子地区共 81km²，含通州马驹桥镇及京津高速公路以西台湖镇行政辖区共 131.5km²），规划亦庄新城建设用地（至 2020 年）100km²，其东界范围扩展至今京津高速公路，南界范围扩展到今六环路以南的凤港减河至东大屯村一线，西界范围扩展至今博兴西路南延至凤河至东大屯村	2016 版《北京城市总体规划》对亦庄新城规划土地利用范围是否进行调整未做出相应表述
	土地利用空间分异变化	出现了制造业生产区、生活服务区、公共服务区和公园绿地与水域及高尔夫休闲区等用地功能的分异	呈现四大变化：一是为有效实现职住平衡，大幅增加居住及生活服务用地；二是为推动电子、汽车、医药和装备制造四大产业集群化发展，增加生产性服务业用地；三是为满足生产和生活物流需求，规划建设物流基地；四是为完善新城管理及服务功能，增加政府公共服务、教育科研、公共交通、商业以及休闲公园和水域及绿地等用地	2016 版《北京城市总体规划》对亦庄新城规划土地利用空间分异情况调整未进行相应说明
空间结构的变化		起步区：西起今北环西路，东至今荣华北路，北起今文化园西路，南至今荣京西街，是住宅区及学校、医院、超市、养生馆等生活服务设施集中分布区；公共服务区：今荣京东街以北，宏大路以西，荣华路以东和文化园路以南，主要为工商、税务、海关、检疫检验、财政、金融、保险、交通和社保等公共服务分布区；公园与绿地：包括国际企业文化园、京津塘高速沿线带状绿地及博大公园等；制造业生产区：除上述功能区外的大部分地块为制造业生产区	亦庄新城开始向两带、七片和多中心空间结构变化与发展，其中，两带是指亦庄新城的未来发展将沿京津塘高速公路向东南方向呈现生产和生活职住均衡与近接的两大带状区域发展；七片是京津塘高速公路、六环路、凉水河和新凤河将亦庄新城自然地划分为七个分区片，即核心区（19.3km²）、河西区（16.2km²）、路东区（20.3km²）、亦庄枢纽站前综合区（14.1km²）、马驹桥居住组团（3.4km²）、物流基地（5.2km²）和六环路南区（21.8km²）；多中心是未来亦庄新城将建立的服务新城及辐射区外的城市公共中心，包括亦庄枢纽站前综合服务中心、荣华路高端产业服务中心、凉水河滨水科技中心及六环路南区公共中心	2016 版《北京城市总体规划》对亦庄新城空间结构调整情况未进行相应说明

变化要素	亦庄开发区孤立发展阶段 （1994—2004 年）	与综合产业新城融合发展阶段 （2005—2015 年）	与生态新城 融合发展阶段 （2016— 年）
基础设施的变化	除为区内制造业企业和各类机构及居民提供生产、运营、管理、服务及生活等所需电力、热力、供排水、通信及网络等基础设施外，2003 年五环路建成并投入使用，2004 年除房山良乡至门头沟寨口段外的六环路其余 153 公里路段建成投入使用，使亦庄地区对外交通便利度大幅提升。形成了今核心区和路东区内由荣华路、荣京街、荣昌街、文化园路、东环路和西环路等主干路及相应的分支路网构成的区内交通网络系统	除为区内制造业企业和各类机构及居民提供生产、运营、管理、服务及生活等所需电力、热力、供排水、通信及网络等基础设施外，亦庄新城对外交通获得较大发展，途经亦庄新城东北部的京津高速公路（即京津第二高速通道）和京津城际铁路于 2008 年建成并投入使用（京津城际铁路预留亦庄站建成但延迟投入使用），绕高速路六环路房山良乡至门头沟寨口间段于 2009 年建成并投入使用，在宋家庄站与地铁 5 号线相接的地铁亦庄线于 2010 年建成并投入使用。这一时期，亦庄新城河西区、路东区、物流基地及六环路南区随着相应投资项目的进展，区内交通网络系统也得到不断完善	对外交通仍不断发展，连接中心城区的地铁 17 号线于 2017 年开工建设，预计 2021 年建成，连接首都国际机场、首都新机场和北京城市副中心的轨道 S6 线已在紧锣密鼓规划设计中，预计 2021 年建成；拟建连接地铁亦庄线途经河西区和六环路南区的 L5 线
公共服务的变化	除为入区企业提供工商、税务、海关、检疫检验、财政、金融、保险、交通和社保等服务外，在今文化园路北建国际企业文化园，在京津塘高速沿线带状绿地配建 18 洞标准鸿禧高尔夫球场，还配建博大公园等休闲公园	在荣华路、荣京街、经海路、科创十二街、亦庄枢纽站前街等主干道两侧重点发展生产性服务业和公共管理及商业服务业，在河西区凉水河以南、凉水河一街以北、博兴八路以东及通马路以西带状区域重点发展了高等职业技术教育及科技服务业，建设了三海子公园及北堤村湿地公园等	在马驹桥、六环路南区及河西区的居住区内拟建相应公共服务设施；在亦庄站前区南部拟建田园度假区和生态林地

续表

变化要素	亦庄开发区孤立发展阶段（1994—2004 年）	与综合产业新城融合发展阶段（2005—2015 年）	与生态新城融合发展阶段（2016— 年）
居住区居住设施的变化	亦庄开发区设立之初的居住区主要在起步区内，以低、中和高不同密度的住宅区为主，其中，为引进外资专门为外资企业高管建设了高级别的低密度别墅住宅区，主要有富园东里小区、天华园三里小区和长新花园等，2002 年扩后，在今路东区北部科创一街以北至今五环路开始建中、低密度新居住区，在今河西区博兴路以西和凉水河一街以南建另一中、低密度新居住区	2005 版《亦庄新城规划》重新调整了亦庄开发区原有居住规划，为有效实现职住平衡，除一定程度上提升核心区原有生活服务区居住设施容积率，使其居住可容纳人口达到 8.2 万人外，在扩区后的河西新建居住区基础上增加居住区用地，使其可容纳居住人口达到 16.5 万人，在亦庄枢纽站前综合区新增可容纳居住人口 23.9 万人的新居住区，在六环路南区新增可容纳居住人口 8.4 万人的新居住区，在马驹桥居住组团新增可容纳居住人口 6.9 万人的居住区，此外，还规划布局了一些零星居住设施	除亦庄开发区起步区内的居住区和一些已建零星居住设施外，亦庄新城内 2005 版《亦庄新城规划》调整以后的其他居住区，或正在建设之中，或即将进入建设阶段，部分拟建未建的居住区，还有调整可能性
产业发展的变化	凡属高新技术企业均可入驻亦庄开发区实现空间集聚并开展制造生产活动，开发区管委会着重配套必要的物流、交通及公共管理和公共服务等	承接中心城区部分产业，培育电子、汽车、医药和装备制造等产业集群，配套创新、研发、金融、保险、商务、咨询和物流等生产性服务业，发展公共管理与服务及教育、医疗、卫生、体育、电商、餐饮住宿、休闲娱乐等，出现城乡世纪广场等城市综合体	承接非首都功能疏解，发展创新型产业集群与现代科技服务业，发展战略性新兴产业，促使制造业转型升级
建筑与景观及其他变化	除荣华北路西侧管委会博达大厦及商务服务区内易居国际、富兴国际中心、国融国际和中国国际电子商务中心等数量有限的高大建筑，制造业生产区多为容积率 1~2 的低矮标准厂房；街道宽敞，商业广告少，除早晚高峰期及往来的少量货物运输车辆，其他车流和人流均小；起步区内有富园东里、天华园三里及长新花园小区等低密度高端别墅区	伴随着创新、研发、金融、保险、房地产、商务和咨询服务等现代生产性服务业的发展，建成区主干街道两侧特别是荣华路两侧、文化园路南侧、荣京街两侧等，玻璃幕墙类高大建筑拔地而起，建筑容积率大幅度提升；除较早建设的河西区的部分中、低密度居住小区外，大部分新建住宅小区为中、高密度居住区；近几年来，主干道街道出现过街天桥，商业广告大幅增加，车流、人流密度大幅度增加，车水马龙，堵车现象较为普遍	随着亦庄枢纽站前综合服务中心、滨水科技中心及南部中心的建设和亦庄凉水河滨水游憩景观绿廊、水上活动中心、湿地生态保育区及田园度假体验区等的建设，亦庄新城的景观将更加丰富多彩

资料来源：本表据《北京经济技术开发区"十一五"发展规划纲要》《北京城市总体规划（2004 年—

2020 年）》《亦庄新城规划（2005 年—2020 年）》《北京城市总体规划（2016 年—2035 年）》等文献。

图 1　扩区后的亦庄开发区规划示意图　　图 2　亦庄新城规划示意图（2005—2020 年）

资料来源：据《北京经济技术开发区规划简介》及《亦庄新城规划（2005 年—2020 年）》。

　　亦庄新城发生的上述变化事实表明，通过亦庄新城的区域规划实习，学生不但了解亦庄新城发展定位与规划的两次调整和区域功能的相应转变，而且通过对土地利用与空间结构、基础设施与公共服务、居住与产业、建筑与景观等一系列变化的客观事实观测，学生深刻理解区域发展定位与规划目标及区域功能同区域的人口、产业、居住、基础设施、公共服务、土地利用和建设投资等的规模之间所存在的内在联系与经济关系，进而使他们从时间和空间两个维度理解和把握区域发展定位与规划及区域功能对区域发展所产生的深刻影响。

四、理解和把握学科理论的时代性及其指导意义

　　就亦庄新城发展的时空背景而言，有国际和国内两个层面。从国际层面看，工业革命诞生后，全球工业发展不但经历了最初的工场手工业发展和早期以蒸汽机提供生产与运输动力为特征的机器大工业发展，而且还经历了之后以内燃机和电力机械提供生产与运输动力为特征的近现代工业的发展。与之相应，全球工业技术创新及其生产重心，也先后历经从创新中心向其他地区不断扩散与转移的四个波次的空间变迁，即 18 世纪末至 19 世纪初从英国向西欧的扩散和转移，19 世纪中叶从英国和西欧向北美、中南欧及澳洲等地的扩散和转移，19 世纪后半叶从西欧、北美等地向俄国和亚洲的日本等地的扩散和转移，20 世纪 50—70 年代从西欧、北美及日本等地向韩国、中国香

港、中国台湾和新加坡等亚洲四小龙地区的扩散和转移等。与此同时，"二战"后随着马歇尔计划的顺利实现和欧洲经济的振兴及日本经济的恢复，在西欧、北美、澳洲和日本等发达国家与地区及经济正在崛起中的亚洲四小龙地区，出现了大批以创新发展模式和创新技术与管理等为特征的特殊经济区，如硅谷、科学城、科技园区、产业园区、出口加工区、保税区、自贸区、自由港区和经济特区等，且绝大部分特殊经济区在其发展中获得成功，取得了不俗的发展成就（彼得·迪肯，2009）。

从国内层面看，我国早在1978年即决定进行经济体制改革，并有计划、有步骤地实行对外开放政策。1980年起，先后在广东的深圳、珠海、汕头和福建的厦门设立了四个经济特区。1984年进一步开放了大连、秦皇岛、天津、烟台、青岛、连云港、南通、上海、宁波、温州、福州、广州、湛江、北海14个沿海城市，并在这14个沿海开放城市设立了首批17个国家级经济技术开发区。1985年后又陆续将长江三角洲、珠江三角洲和闽南三角洲地区（简称3个三角洲地区）、山东半岛和辽东半岛地区（简称2个半岛开放区）以及河北和广西辟为经济开放区，从而形成了沿海经济开放带。1988年海南又被确立为我国的第五个经济特区。1990年中国政府决定开发和开放上海浦东新区，并进一步开放一批长江沿岸城市（先后共有28座沿江城市实现了对外开放），形成了以浦东为龙头的长江开放带。1992年后，又决定对外开放一批边疆城市（先后开放13座边疆城市）和进一步开放内陆所有省会和自治区首府城市，实现了边疆和内陆地区的对外开放。伴随着沿海开放、沿江开放、沿边开放及内陆开放，至20世纪90年代初，我国先后建立了13个保税区、32个国家级经济技术开发区，52个高新技术产业开发区和34个开放口岸。这样，中国就形成了沿海、沿江、沿边、内陆地区相结合的全方位、多层次、宽领域的对外开放格局（常健，2008）。上述对外开放地区，由于实行不同的优惠政策，在发展外向型经济、出口创汇、引进先进技术与管理等方面起到了窗口作用，同时也对国内其他地区起到了辐射带动作用。

由此不难发现，亦庄开发区既是在我国沿海和沿江经济开放格局已经形成，并对边疆及内陆城市实施对外开放的背景下设立的，也是在全球以创新为特征的各种特殊经济区迅速崛起并获得巨大成功的背景下设立的，更是在全球工业技术创新与工业发展重心从西欧、北美、日本及亚洲四小龙地区等开始向亚洲大陆转移与扩散的背景下设立的。毫无疑问，这一历史背景，恰好是《经济地理学》在传统的企业区位理论和区域分工理论等理论基础上，创新并建立包括产品周期理论、折中理论、价值链理论、产业结构转换理论、产业成长理论、增长极理论、产业集群理论、梯度推移理论、中心—外围理论和区域竞争与合作理论等一系列区域经济增长与发展理论的客观基础（李小建等，2018；彼得·迪肯，2009）。反过来看，也正是这一系列区域经济增长与发展的相关理论，推动和指导了我国对外开放格局的形成及众多特殊经济区的建立与发展，更是这一系列区域经济增长与发展的相关理论，在我国各种特殊经济区的区位决策及发展规划实践中应用的具体实例。

　　因此，通过亦庄新城的区域规划专业实习，学生不但充分了解亦庄新城所具有的特定发展时空背景与特征，还透过亦庄新城发展时空背景及特征深刻理解《经济地理学》有关区域经济增长与发展的相关理论所具有的时代性特征，进而有效把握这些理论在特定区域规划中的指导意义和实践应用。

五、结论

　　《经济地理学》是人文地理与城乡规划专业主干课、基础课或核心课，学生通过实习深刻理解并掌握学科理论与方法及其在城乡规划实践中的应用，这是《经济地理学》开展区域规划专业实习最基本也是最普遍的教学目的。但是，由于《经济地理学》课程理论本身涉及区位决策及其分析、区域经济发展和区域之间相互关系的分析以及区域参与经济全球化与地区经济一体化的可能性分析等诸多层面（李小建，2018），因此，《经济地理学》课程的区域规划专业实习教学目的又是综合的和多元的。与此同时，就一个特定实习对象或实习区域而言，《经济地理学》课程的区域规划专业实习教学目的，无疑又是具体的和特殊的。

　　正是基于上述认识，本文从亦庄新城这一特定实习对象和实习区域出发，着重探讨了通过对亦庄新城区位条件的分析与区位决策规划实践的认识与了解，和通过对亦庄新城发展定位与规划的调整及区域功能转变所引致的一系列变化的客观事实的观测，以及通过对亦庄新城发展时空背景的了解等层面开展区域规划专业实习所要实现的教学目的。毫无疑问，就亦庄新城这一特定实习对象而言，还有很多区域规划专业实习的教学目的可以实现，限于篇幅，其他专业实习教学目的的深入探讨留待另文进行。

参考资料

［1］中华人民共和国教育部高等教育司. 普通高等学校本科专业目录和专业介绍［M］. 北京：高等教育出版社，2012.

［2］李小建. 经济地理学（第三版）［M］. 北京：高等教育出版社，2018.

［3］彼得·迪肯. 全球性转变——重塑21世纪的全球经济地图［M］. 刘卫东，等，译. 北京：商务印书馆，2009.

［4］中国城市规划研究院. 北京城市总体规划（2004年—2020年）［R］. 中国城市规划研究院，2005.

［5］北京市城市规划设计研究院，等. 北京市城市总体规划（2016年—2035年）［R］. 北京市城市规划设计研究院，2017.

［6］北京市规划委员会. 亦庄新城规划（2005年—2020年）［R］. 北京市规划委员会，2007-10-12.

［7］陈庚，杨海燕. 北京经济技术开发区规划简介［EB/OL］. 北京市规划委员会，经济技术开发区规划分局，2007-02-10.

［8］北京经济技术开发区经济发展局. 北京经济技术开发区"十一五"发展规划纲要［R］. 北京经济技术开发区经济发展局，2006.

［9］常健. 中国对外开放的历史进程［R］//国家发展与改革委员会宏观经济研究院经济体制与管理研究所. 第六期中国现代化研究论坛文选，2008.

《房地产策划》课程实践性教学探索与实施[1]

李雪妍[2]

【摘 要】《房地产策划》是一门理论性、实践性、综合性很强的课程。房地产策划课程实践性教学改革，既是课程特点决定的，也是人才培养的需要。经过多年的实践探索，总结出《房地产策划》课程改革可以围绕以下几个方面展开，即教学指导思想的改革、教材和指导书的编写以及教学形式和考核方式的改革，同时也认识到课程改革要不断探索，不断积累。

【关键词】房地产策划；实践性教学；教学形式；考核方式；改革

《房地产策划》是人文地理与城乡规划专业本科生的一门专业选修课，本课程与其他专业课程如房地产投资与项目开发、房地产估价、房地产金融相配合，培养学生具备从事房地产相关工作的基本素质，提高学生从事房地产相关工作的综合职业能力，为社会提供房地产行业高级管理人才。在教学过程中，适合采用实践性教学方式。目前，许多高校的房地产及相关专业都开设了这门课程，但是传统的教学方式不可避免地存在一些问题，例如教材理论性强、实操性不够，教学以教师为主、以学生为辅，实践学时少、实践内容简单，实践教学形式单一、效果差等，导致学生毕业后工作上手慢，很难独立承担任务，甚至影响学生就业。目前，社会对有创意和动手能力的综合型人才需求迫切，因此顺应形势的教学改革势在必行。

北京联合大学应用文理学院城市科学系人文地理与城乡规划专业开设《房地产策划》课程多年，一直在教学改革的道路上不断探索前行，取得了一

---

[1] 资助项目：北京联合大学 2018 年度教育教学研究与改革委托项目："专业思政"建设方案研究——人文地理与城乡规划管理专业（JJ2018Z012）的阶段性成果；北京联合大学应用文理学院 2018 年度教育教学改革项目："房地产策划课程实践性教学改革研究"的成果。

[2] 李雪妍（1969—），女，硕士，北京联合大学副教授。教授的主要课程有经济学基础、房地产估价、资产评估等。主要研究方向为区域经济、房地产市场研究、经营管理与股价，为注册房地产估价师、注册房地产经纪人、注册资产评估师。

些显著的成果，也积累了一些宝贵的经验。

一、《房地产策划》课程实践性教学改革的必要性

《房地产策划》课程实践性教学改革，既是课程特点决定的，也是人才培养的需要。

（一）《房地产策划》课程本身特点适合实践性教学

《房地产策划》是人文地理与城乡规划专业本科生的一门专业选修课，课程的教学目标是使学生了解房地产策划的基本理论、熟悉房地产策划实际操作过程、掌握房地产营销环境分析与房地产项目推广方式，在此基础上，能熟练地撰写营销策划报告。因此在教学过程中，适合采用实践性教学方式，才能更好地达到预期目标，取得理想的教学效果。

《房地产策划》这门课程适合实践性教学，因为它是一门理论联系实际的课程，实操性和应用性很强。首先，这门课程有着多学科理论指导和支撑，它综合了营销理论、策划理论、消费者行为理论、广告理论、城市规划原理等理论知识。其次，它有很强的综合性，这门课程的学习，需要综合运用之前学习过的房地产投资与项目开发、房地产估价、房地产金融、房屋建筑学、城市地理、城市规划等多门课程的知识和方法。最后，它是实践性和操作性非常强的一门应用型课程，传统的教学方法不仅很难让学生真正掌握房地产项目策划的具体方法，同时也难以激发学生的学习兴趣和创造力。而实践性教学能够刺激学生的学习兴趣，激发学生的创造性思维，提高学生的领悟能力，培养学生的沟通和协作能力。

（二）房地产行业需要具有实操经验的策划类人才

众所周知，过去的10年房地产对于中国经济增长贡献卓著，在"中国式增长"的动力中，出口、政府投资和房地产是三大重要力量。其中，房地产似乎一直处于稀缺的卖方市场，除了正常的自住需求外，投资和投机需求铺天盖地地进入市场，推动房价一路非理性快速上涨，脱离了国民收入的增长速度。而未来的中国房地产，将逐步回归理性。习近平总书记在党的十九大报告中强调"房子是用来住的、不是用来炒的"。今后我国将建立多主体供给、多渠道保障、租购并举的住房制度。这意味着房子不论好坏都能卖出去的时代即将过去，房地产策划人才将迎来用武之地，发挥越来越重要的作用。

而房子是给人住的，只有满足消费者需求的住房产品才能被未来的市场认可和接受，因此，房地产策划人员必须具有很强大的市场分析能力和实际操作能力，传统教学培养的人才理论性强、实践性弱的特点将不能适应行业发展的需求，行业需要具有实操经验的策划类人才，因此，实践性教学势在必行。

（三）学校的发展定位鼓励实践性教学的探索

《房地产策划》课程面向的"人文地理与城乡规划专业"是北京联合大学的一个应用型理科专业。北京联合大学是"以本科教育为主体的市属综合性普通高等院校，立足北京、服务京津冀、辐射全国、放眼世界，着力培养适应国民经济和社会发展需要的高素质应用型人才"。学校的发展目标是"建设高水平、有特色、首都人民满意的城市型、应用型大学"。因此，学校的定位决定了各专业培养应用型人才，鼓励实践性课程的改革和探索。

虽然目前全国开设《房地产策划》课程的高校较多，但多数大学相对更重视理论探索和普遍性规律，实践性探索相对较弱，并缺乏地方特色。相较于其他高校，北京联合大学更重视应用型人才和地方人才的培养，《房地产策划》课程就是在这个办学定位下积极进行实践性教学探索的一门课程，并取得了较好的效果。

二、《房地产策划》课程实践性教学改革的主要内容

《房地产策划》这门课程在我系开设超过 20 年的历史，虽然经历了几任不同的主讲教师，但致力于实践性教学改革的初衷不曾改变，多年来积累了很多经验，也取得了显著效果。

（一）实践性教学指导思想的改革

《房地产策划》这门课程重点内容包括房地产营销环境分析、房地产购买行为分析、房地产市场细分与目标市场选择、房地产项目市场定位、房地产项目成本分析与项目定价策略、房地产项目包装与销售策略等。以上内容都是实操性很强的内容，在多年的教学改革和探索中，逐步确立了这门课程实践性教学的指导思想，并通过不断修改培养方案、教学大纲、教材和教案等强化和落实这一指导思想。

《房地产策划》课程落实实践性教学指导思想的改革包括：逐步增加课程

中的实践性学时；编写房地产策划实践性教材；教学中案例教学的引入和不断丰富；实训作业的设计和实训指导书的编写；考核方式的改革；等等。所有的改革都围绕着实践性教学指导思想，多年的探索使这一指导思路能够落到实处，有血有肉。

（二）实践性教材和指导书的编写

为了落实实践性教学指导思想，最重要的一项改革探索就是编写房地产策划实践性教材。如前所述，房地产策划课程已经在北京联合大学应用文理学院城市科学系开设多年，受到学生的喜爱和好评，但之前一直缺少一本实践性、应用性与综合性结合的专用教材，虽然可以选用其他高校或业内人士编写的教材，但在实际教学中发现这些教材普遍存在重理论轻实践、案例较少、操作性和针对性不强等不足之处，所以历时几年积累素材、编写、修改，终于完成了房地产策划实践性教材的编写，并顺利出版，使我们的教学有了一本专用教材。

这本教材具有以下几个鲜明的特点：严谨细致的学院派风格；活泼易懂的编排形式；重视方法与案例；每章特别增加实训练习内容。教材出版后，立即投入到一线教学的使用中，使学生多了一个边学边做的好老师。

之后，在这本实践性教材的基础上，我们又编写了更为具体的实训指导书，指导书的内容包括实训作业的设计、具体内容和要求，还包括了实训准备工作以及实训作业的验收和评价等内容，使这门课的实践性教学更为具体、规范和系统。

（三）实践性教学形式的改革

采用传统方法教学，往往导致学生毕业进入房地产企业后，不能立刻上手做项目，还需要很长一段时间去学习具体的方法和流程，因此，对实践性教学形式的改革就是模拟房地产项目策划的实际操作过程，让学生通过具体的操作熟悉和掌握与企业相同的方法和流程。具体教学形式的改革包括两个重要的方面：案例教学和实训作业。

1. 案例教学

案例教学的作用就是让学生先通过"看"来学习现实中企业是怎么做的。在教学中，对于房地产策划的每一个具体环节，都准备了一到两个具体的案例，通过对案例的讲解，让学生对这个环节的内容、方法、流程和可能存在的问题都有一个感性的认识，并在这个过程中积累经验，总结不足，为自己下一阶段的动手操作打下扎实的基础。在我们编写的实践性教材中，每一章后面也有一个案例，方便学生自学。

2. 实训作业

实训作业的作用就是让学生再通过"做"来模仿现实中企业的方法进行具体操作。在教学中，按照房地产企业的实际操作环节，系统地设计了6次实训作业，从房地产市场环境调查分析开始，包括接下来的消费者特征调查分析、市场细分与目标市场选择、房地产项目市场定位方案策划、房地产项目成本测算与价格策略、房地产项目包装与营销策略。

这些实训环节要求学生分组协作完成，仿照企业的项目经理负责制，一方面锻炼了学生的动手操作能力，另一方面也锻炼了学生与人沟通和协作的能力。

（四）实践教学考核方式的改革

在实践性教学中，传统的考核方式即闭卷笔试的方式，一方面很难调动学生动手操作的积极性，另一方面也不能很好地反映出学生的真实水平和动手能力，因此，考核方式的改革也是必然的。

《房地产策划》课程的考核方式改革，摒弃了以往的闭卷笔试，采用了全新的以实训作业结果为主的综合评定考核分数的方式。具体的分数构成包括平时和期末两个部分。平时成绩的构成包括考勤成绩、课堂讨论成绩和6次实训作业汇报成绩，其中，后者所占权重最大。期末成绩由综合性的实训报告构成，学生要把整个一学期所学、所做、所思、所得综合成一个完整的实训报告，报告成绩的评定有详细的评定指标和分数标准。

这种考核方式淡化了期末成绩的作用，强调了平时成绩的重要性，使学生更加重视平时的学习和实际操作，让学生整个一学期都处在积极忙碌的状态中，既充实又有效。

三、《房地产策划》课程实践性教学改革的收获与体会

《房地产策划》课程实践性教学改革，根据课程特点，提出了案例教学与实训作业相结合的教学方法，以及以实训作业成果为主综合评定成绩的考核方式，突出强调了课程的实践性，极大地调动了学生的积极性和能动性，很好地完成了教学目标，在培养高素质的复合型、应用型人才方面取得了可喜

的成绩，生动地契合了学校的办学定位和发展战略。几年的改革实践也收获了很多经验和体会。总结起来，有以下几点：

（一）教学改革要不断探索

所谓"教有法而无定法"，教学改革要不断探索，不要拘泥于传统的教学方法而止步不前。教有法，是指教师的教学方法必须遵循人类认识世界的基本规律，循序渐进，由实践到理论，再由理论指导实践。因此，我们首先要探索每门课程的自身特点和规律。教无定法是指每门课程的教学是具体的，教师的阅历、素质、经验、能力不同，而学生的来源、基础、兴趣、能力也差别很大，所以我们必须根据所教学生的特点采用最恰当的方法。其他高校适用的方法，自己的学校未必适用。

（二）教学改革以学生为主体

以学生为主体，就是要考虑学生怎么学更有效，而不是考虑教师怎么教更方便。有些所谓的教学改革，重点还是在教师，考虑教师怎么教更方便，怎么考核更省事，等等，这样的结果可能学生也喜欢，甚至迎合了部分学生应付的心理，但实际上真的能实现培养目标吗？

教学要以学生为主，并不是一味地迎合学生，既要考虑调动学生的积极性，又要让学生学到真东西，真正完成人才培养的长远目标。

（三）教学改革要符合办学定位

教学改革要符合学校的办学定位和长远策略，只有这样才能与其他课程和学科相配合，共同实现学校的人才培养目标。《房地产策划》这门课程本身就是实践性很强的课程，与学校的人才培养目标非常吻合，所以有针对性的教学改革更能体现和优化本专业的培养方案，同时，这样的改革也会获得院校的认可和支持。

（四）教学改革要积累改革成果

教学改革要不断积累改革成果，只有这样才能把前期改革成果巩固下来，同时为今后进一步深化改革打下基础。《房地产策划》课程在不断加强案例教学的实践性教学过程中，一方面积累了教学经验，把这些经验不断添加到教案中，最后在教案基础上完善提高，形成了一本实践教材；另一方面也积累了一定的教学案例，把这些教学案例收集整理，就形成了课程案例库的雏形。

 参考资料

［1］李雪妍，张远索. 房地产营销策划［M］. 北京：学苑出版社，2012.

［2］张引. 案例教学法在房地产类课程教学中的应用研究［J］. 重庆科技学院学报（社会科学版），2010（17）：191-192.

《景观设计》课程翻转课堂建设探讨与实践

陈媛媛❶

【摘　要】本文基于翻转课堂建设背景和理念，探讨了人文地理与城乡规划专业《景观设计》课程基于翻转课堂的建设框架、教学过程和实践效果。

【关键词】翻转课堂；景观设计；课程建设；人文地理与城乡规划专业

一、翻转课堂建设背景

翻转课堂 FCM 是 "Flipped Class Model" 的简称，通常被翻译成 "翻转课堂" "反转课堂" 或 "颠倒课堂"，或者称为 "翻转课堂教学模式"。其基本思路是：把传统的学习过程翻转过来，让学习者在课外时间完成针对知识点和概念的自主学习，课堂则变成了教师与学生之间互动的场所，主要用于解答疑惑、汇报讨论，从而达到更好的教学效果。[1]

《景观设计》是人文地理与城乡规划专业（城市规划与设计）专业方向课程。课程内容包含主要城市园林绿地系统规划、各类园林绿地详细规划的基本概念、基本原理和基本方法。其中景观设计专项规划中，重点讲授城市道路景观设计、步行街景观设计、居住区景观设计、城市广场设计、城市公共绿地景观设计等内容。要求学生通过手绘设计初步方案，使通过课程的学习提高专业理论知识的同时提高实践动手能力。

人文地理与城乡规划专业《景观设计》课程与城市规划、风景园林五年制专业的课程相比，缺少很多前期基础设计类课程，如《美术》《设计初步》（包括形态构成设计与表现手法）《环境艺术学》《植物造景设计原理》等。

❶　陈媛媛（1979—），女，硕士，北京联合大学讲师。教授的主要课程有景观设计、规划 CAD 等。主要研究方向为城市园林景观规划、景观设计。

人文地理与城乡规划专业学生尤其欠缺美术、设计初步等基础训练。即使在培养目标方向不同的情况下，努力提高学生实践动手能力进而增进其鉴赏、评判设计方案优劣能力，也是非常必要的。《景观设计》翻转课堂的建设旨在弥补专业课程欠缺，全面调动学生线上（课堂上）、线下学习的积极性，最大化地利用各类资源，使学生景观设计能力得到更大的提高。

二、《景观设计》课程翻转课堂体系建构与实践

遵循应用型大学学生培养原则，《景观设计》翻转课程建设强调培养学生的实践能力、解决问题的能力及项目的综合协调能力，需要建设一套适合人文地理与城乡规划管理专业学生的《景观设计》课程体系（见图1）。实现课堂以学生为主、教师辅导的教学模式，全面开展学生的互评、讨论、提问、答疑、单个指导、小组协助等形式的课堂组织，实现"问题的提出—实践—讨论—再实践—能力提升"的教学模式，通过教师视频课件讲解、学生作业、课堂讨论、手绘、实验、教师总结一系列教学安排，实现学生对知识的真正理解与自如运用。

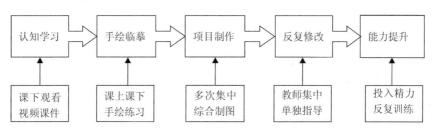

图1 《景观设计》翻转课堂教学体系

依据学校增强本科生实践能力的教学方针，不断调整教学内容，完善理论教学与实践环节的课时比例，翻转课堂教学模式的确立，有效支撑原有教学模式，同时进一步增强学生实践动手环节，教师确定了一套提升学生实践能力的完整方案（见图2）。

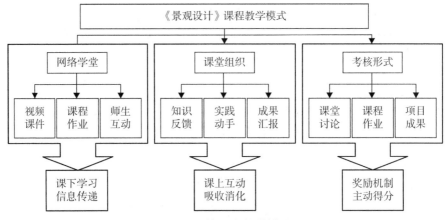

图2　翻转课堂教学模式

（一）网络学堂建设

1. 课件视频

建设一套生动、有趣、易于学生自主学习的《景观设计》课件视频。课件视频主要有三种形式混合制作：①FLASH配乐动画（根据景观设计场景，按景观设计过程绘制草图，让学生体验景观设计的乐趣）；②手绘方案录屏（方案设计阶段教师手绘录屏，讲解景观设计的全过程）；③PPT课件（图文声并茂的形式讲解理论知识，加强PPT动态演示效果），每次课程4~5个视频，每个视频不超过10分钟，每个视频讲授一个知识点。

2. 网络课堂作业

每个课件视频最后针对知识点留课后作业及思考题，学生制作翻转课堂汇报PPT，上传网络学堂。教师为每次作业打分，并挑选3~4名学生在翻转课堂进行作品汇报。

3. 师生线下互动

鼓励学生对课程内容、授课方式等在网络学堂进行师生互动。

（二）翻转课堂组织

传统课堂教学流程强调先教师讲授，后学生练习，强调先进行知识的传授，然后是学生对知识的内化，体现了"以教师为中心"的教育理念，容易忽略教学对象的差异，漠视学生的个性需求，学生课堂自主活动整体缺失，压制了学生质疑、批判、探索、创造能力的发展。《景观设计》翻转课堂教学强调把知识传授放在课前，学生通过自主学习完成课程的学习内容，课堂上教师组织和引导学生通过答疑、协作学习、小组探究等形式进行知识的内化，体现了"以学生为中心"的教育理念，有效地避免了传统教育中学习内容的强制性，思维过程的依赖性。课堂作为学习成果检测、知识巩固的平台，减少了知识传授环节，为课堂师生互动交流、生生协作学习预留了富足的时间，在提出疑惑、陈述观点、互助竞争中，学生语言表达、合作能力得到提高，个性得到发展，创新精神得到培养。[2]课程设计一套有效增进"师生互动""以学生为中心"的课堂组织模式。

1. 理论学习课堂组织（三节课内容）

第一节：教师强调学生先行自学的重要知识点，选出 3~4 名同学进行作业汇报，开展学生互评、教师点评。

第二节：教师根据学生作业的共性问题及重点难点知识提出问题，组织学生进行课堂讨论。

第三节：总结讨论结果及知识点。教师提供相关知识点的经典案例，进行分析、讲解，提升学生理论高度，并让学生临摹经典案例，提升景观设计能力。

2. 快速设计课堂组织（三节课内容）

课程中穿插三次理论及设计，提升综合能力，训练景观快题设计能力。

第一节：教师提出快题设计要求，对规划地块进行场地分析，学生提出问题。

第二节：学生进行快题设计，教师巡查，矫正错误，单个指导。

第三节：学生互评快题设计作品，教师点评。总结共性问题，理论提升。

3. 课程实验课堂组织

利用 3D 打印的景观要素组件，组织学生自己动手拼接景观模型的课程实验。分组布置景观模型制作作业，课堂讲解模型设计理念，景观特色。开展学生互评、教师点评。

（三）考核机制

（1）考核原则：激励积极主动参与讨论、制作高质量作品 PPT 及 3D 模型的同学。

（2）分值分配：三次大作业 40 分（快题设计绘制成图 A2）；平时作业 50 分（网络学堂作业 20 分；其他 30 分按照被选中汇报次数及课堂讨论表现，按次计算分数）；出勤 10 分。

（四）课程内容与教学方法

1. 优化课程内容

传统课程内容在讲授理论知识的同时，虽注重学生实践能力的培养，如设置3次综合设计作业，完成2次课堂快速设计与讲评，但投入的训练时间与力度不够。翻转课堂调整了课程课内、课外学时比例，并制订授课计划。同时制作了大量符合学生理论与实践相结合学习的课程课件、视频资料、图纸等。有效提高了课堂教学质量。学生在学院景观设计大赛中获得一等奖（见图3）。

图3 翻转课堂教学过程与效果

2. 教学方法改革

传统应用型人才培养的教学模式中虽重视实践教学环节，但由于课程学时所限，多为教师单方面输出知识，学生主动学习机会较少，除课上实践训练、课下综合作业外，未开展其他实践环节。《景观设计》翻转课堂针对实践环节较薄弱的问题，进行了学时调整，课上课下学时比1：5。课内，理论教学、绘图练习与点评讨论学时比例为1：1：2；课外，理论学习、综合制图与教师指导比例为1：3：1。学时分配具体见表1。

表1 翻转课堂下的景观设计课程学时分配

课程名称	学时分配									总计学时
	课内学时				课外学时					
	授课	绘图练习快题设计	点评讨论	合计	理论学习	综合制图	教师指导	绘图练习	合计	
《景观设计》	8	8	16	32	32	30	32	66	160	192

翻转课堂教学模式将部分理论学习转移到学生课下完成，课上教师通过组织课堂讨论、作品点评等方式，针对学生课外学习遇到的问题和重要知识点集中讲解，帮助学生吸收内化。同时配合绘图练习、快题设计实践练习，大大提高了学生综合规划设计能力。增加学生课下绘图练习及综合制图学时，强化综合设计能力。《景观设计》课程除3次综合制图外，每周皆安排学生进行绘图练习（见图4）。

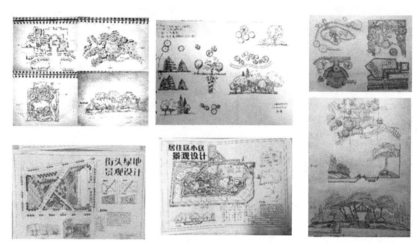

图4　翻转课堂教学成果

（五）加强课程教学过程管理

传统课堂教学中更多注重学生的听课质量，问题反馈。互动及现场反馈的内容相对较少。为避免"你讲我听""左耳听右耳出""你讲我不听""你讲我睡"的师生关系，通过课上大量的图纸训练、方案汇报、学生互评、教师点评等学生必须参与的环节，让学生有事可做，且配合考核制，以"连推带拽""强行合体"的方式来增加师生课上互动。课下教师通过集中指导、单个辅导更加有效地与学生进行反馈与交流。

三、翻转课堂建设的保障体系思考

（一）课程教学团队建设

人文地理与城乡规划专业教研室包括城市规划、建筑设计、住区规划、景观设计方向4位教师。每周不少于2学时的集体备课是提高规划设计类课程教学效果的有效保障。每位教师每周不少于 2 学时的课外集中或单独指导学生修改图纸，针对学生在平时及综合制图中遇到的问题进行指导，以便达到精细化教学目的。

(二) 加强优质网络教学资源建设和使用

网络课堂平台的有效运转是整个翻转课程建设的基础保障，有效激发学生线下利用网络学堂学习，需创造友好、便捷的网络学堂交互环境。目前网络学堂界面存在界面死板、操作烦琐等问题，不利于师生积极使用。另外，知识产权的保护也需要得到重视，教师上传课件、视频等尽量支持仅在线浏览，避免随意下载，以免教师知识产权受到侵害。

 参考资料

[1] 马秀麟. 大学信息技术公共课翻转课堂教学的实证研究 [J]. 远程教育杂志，2013 (1)：79-85.

[2] 韩丽珍. 翻转课堂在我国发展的瓶颈及路向选择 [J]. 江苏广播电视大学学报，2013 (2)：41-44.

《城市规划快速设计》课程实践教学环节的研究❶

叶盛东❷　李安琪❸　王鑫❹　高思宇❺

【摘　要】实践教学环节是应用型本科人文地理与城乡规划专业课程体系的重要组成部分，是理论联系实际的重要环节与纽带，也是培养学生创新、创业与实践能力的重要途径和平台。本文通过北京联合大学应用文理学院人文地理与城乡规划专业《城市规划快速设计》课程实践教学环节的现状分析，探讨提高实践教学环节改革的举措，其意图是进一步提高本科生专业教育的实践教学质量。

【关键词】应用型本科；人文地理与城乡规划专业；城市规划快速设计；实践教学环节

一、研究背景

（一）国内外实践教学环节概述

2012 年教育部等部门颁发的《关于进一步加强高校实践育人工作的若干意见》中强调高校要强化实践教学环节、加强师资队伍建设、加强实践育人基地建设等，全面落实本科专业类教学质量国家标准对实践教学的基本要求，加强实践教学管理，提高实验、实习、实践和毕业设计（论文）质量。

---

❶ 北京联合大学 2018 年度教育教学研究与改革委托项目：《城乡规划原理》课程思政建设研究与实践（JJ2018Z015）的阶段性成果；北京联合大学应用文理学院 2018 年度教育教学改革项目："城市规划原理"的阶段性成果。

❷ 叶盛东（1962—），男，北京联合大学副教授，主要从事建筑学、城市规划、园林景观、旅游规划与设计以及房地产开发领域的教学和研究工作。2000 年至今先后主持并承担部、省、市、县和镇以及企业等各种规划设计研究课题，并在国内多家刊物发表了十几篇论文。

❸ 李安琪，女，北京联合大学应用文理学院人文地理与城乡规划专业 2017 届本科毕业生。

❹ 王鑫，女，北京联合大学应用文理学院人文地理与城乡规划专业 2015 级学生。

❺ 高思宇，女，北京联合大学应用文理学院人文地理与城乡规划专业 2015 级学生。

北京联合大学应用文理学院人文地理与城乡规划专业作为应用型本科以素质教育为宗旨，以实践技能和创新能力培养为根本，主要培养具备人文地理与城乡规划科学的基本理论、基本知识和基本技能的复合型人才。这就要求学生在学习理论知识的基础上，必须融合"实践教学"这一环节，即在实践教学环节中"掌握区域、城乡规划的整个流程，从而适应社会发展的需求"（吴亚琪等，2014）。[1]这里提到的"实践教学"就是巩固理论知识和加深对理论认识的实践途径，注重培养应用型本科的高素质人才的重要环节，把理论联系实际与培养学生动手能力紧密结合。因此，要充分体现"实践教学"主要特征"（1）实践教学开拓了学生的创新能力；（2）实践教学加快了学生与实际工作、社会的接轨速度"（职晓晓，2016）[2]。如何强化和做好"实践教学"是影响应用型本科教育发展急需探索和研究的问题。

目前，《城市规划快速设计》作为一门实践教学核心骨干课程，在国内主要在工科高校的建筑学专业开设，并且"实践教学所占比重较大"（杨靖，2013）[3]。而在理科人文地理与城乡规划专业开设的"快速设计与表现"为限选课程，所占实践教学比重较小，内容和难度也较低。尽管两个课程名称不太相同，并且专业课程设置与培养目标存在很大差异，但两门动手实践教学课程内容还是有很多共性之处，即它们都是在掌握一般方案设计方法基础上，重点阐述其内在规律性和设计方法，特别是强调以创造性思维训练为基础，把方案设计过程看成创造性设计思维及思维成果的图面表达过程。通过本课程的学习和实践练习，加强学生们方案快速设计与表现的能力，初步形成适合于自己特色的设计方法。本课题研究范围圈定在人文地理与城乡规划专业，专门探讨与研究《城市规划快速设计》课程实践教学环节。

目前，国内应用型本科在人才的培养方面，注重因材施教，强化实践教学训练，特别是在提高应用能力方面取得了一定成绩。但与国外应用型大学相比还有很大差距，特别是表现在应用型大学实践教学环节研究领域。

国外在实践教学环节方面做的较为突出，探索和研究起步也很早，在具体实践教学环节上，国外始终与科学技术的发展同步，他们开设的动手绘图课程能使学生很快熟悉并掌握。例如，美国伊利诺伊大学厄波纳——钱宾分校（the University of Illinois, at Urbana-Champaign, USA.）与全国各地100家公司建立合作关系，建立了"合作教育项目"。参加该项目的学生是高年级本科生。他们的学制是5年，其中必须在某一合作公司工作一年。这其中约有2/3参加者被工作过的公司留用（程建芳，2007）[4]。再如，在国外应用型大学实践教学体系与基地建设研究方面，德国"双元制"模式表现出以下突出特点：①将学习同生产紧密结合；②有企业的广泛参与；③各类教育形式互通；④培训与考核相分离使岗位证书更具权威性（洪林，2006）[5]。在德国，由于人力资源紧张，应用型高校的毕业生一进入人才市场，很快就独当一面，适应新技术的发展，因而他们的课程有了与科学技术发展几乎同步的特点。不少领域中的动手课程都已进入了他们的实践教学之中。在美国，大学与企业（设计公司）合作，由企业提供资金和项目，学校提供研究人员进行开发研究，学生可以获得实习和参与科研的机会。另外德国 FH "企业主导型"的实践教学环节比较典型，第二个实习期安排在第 7 或第 8 学期进行，顶岗实习，并将实习与毕业实践结合，解决企业实际的真实课题，教学中真题都来自企业需求和为企业服务；企业是实践教学成果评价考核的主体（程建芳，2007）[4]。又如在强化实践教学环节方面，德国许多高校培养学生，很重视应用能力的训练，并重视理论与实际相结合，同时要保证学生学习足够的理论专业知识。当然在此基础上，学校也加强学生在实践方面的教学应用环节，积极引导学生们参加各种实践活动，推进课程教学方法改革。"德国高校的课程设置虽然没有相对完整的知识体系，但强调其教学的应用性"（常彦琪等，2016）[6]。

总之，在培养本科生实践教学环节能力方面，国外很多高校做了有益探索，值得国内相关专业学习。

现今在国内，学者们对应用型本科实践教学环节也进行了较深入的研究。如"在高校本科生毕业阶段探索实践教学改革方面的研究"（赵慧等，2015）[7]；"在本科阶段研究实践教学管理模式的探索和创新"（赵梅等，2006）[8]；另外，"在课堂教学中运用项目教学法，把手绘理论和实践项目结合，调动学生学习积极性，提高学生岗位适应能力，培养学生实践能力和创新能力"（罗枫，2015）[9]；"在实践教学中应打破传统模式，引导学生在低年级就进入相关专业的实验室参与科研活动，可以帮助学生建立起正确的、科学的学术态度，明确学习目标"（张昌松等，2009）[10]；"城市设计课程的教学研究，应主要从基本理论教学、体验式教学以及设计实践教学三个环节入手"（来朝旭，2012）[11]。

综上所述，国内外的研究都是从自身专业角度的实践教学环节进行了有益的探索，但国内在《城市规划快速设计》课程实践教学环节方面的研究相对较薄弱，本文正是基于这种背景下做的深入研究，希望此研究对应用型本科人文地理与城乡规划专业《城市规划快速设计》课程实践教学环节有一定的帮助。

（二）研究意义与价值

1. 研究意义

本论文研究的意义在于：①探索实践教学环节——"模拟真题快速设计做方案"的讲课、辅导、指导和体验式学习方式等的优化模式，提高《城市规划快速设计》课堂有效学习的策略；②构建优质高效的《城市规划快速设计》课堂实践教学环节形式；③建立提高课堂实践教学环节效果的"快速设计实践教学"环节优化模式；④实现学生们在校学习期间体验当一名规划设计师的成长经历。

2. 研究价值

笔者通过问卷调查对现阶段开设的"快速设计与表现"课程实践教学环节进行研究与分析，较为全面地掌握了第一手资料，为深入地发现其中存在的问题提供了数据支撑，也为提高进一步相关研究的精准性提供基础。主要价值体现为两个方面：①突出应用性、实践性能力培养两方面问题综合性研究；②重新构建两者有机融合的《城市规划快速设计》课程模式，以适应应用型本科设计课程实践教学环节工作的进一步开展。

二、实践教学环节现状分析

（一）不断深化实践教学环节

2012年教育部等部门颁发的《关于进一步加强高校实践育人工作的若干意见》中要求"理工农医类本科专业实践教学学分（学时）不少于总学分（学时）的25%"。在2012年以前本专业的前身是"资源环境与城乡规划管理专业"，当时结合应用型大学办学方针制定的集中实践课程"城乡规划管理综合实践"，是北京市精品建设课程，从大学一年级到四年级以模块化的形式，依照"认识实习—生产实习—毕业实习"的基本框架进行集中实践教学组织与实施。该课程总计17学分，包括城市要素基础调研（2学分/2周）、模块3生产实习，城乡规划管理高级调研（3学分/3周）等，重点是培养学生的制图识图能力和城乡规划管理综合应用能力。早期"资源环境与城乡规划管理专业"对集中实践课程环节提出了相应能力要求：①具有综合运用所学科学理论和技术手段分析并解决本专业相关问题的基本能力；②掌握本专业的问卷设计与实地调查、数据处理与分析、手工制图、计算机辅助制图以及建筑识图与预算的基本技能；③掌握城市与区域调研、城市与区域空间分析、城市与区域规划设计、城乡规划管理综合应用等四项专业核心应用能力，具有一定的创新意识和创业思维；尽管早期的实践教学比以往有所突破，但受当时的条件制约，其学时和学分所占比例都比较低。

为了突出应用型大学的动手实践训练环节，在 2016 版人文地理与城乡规划专业教学计划中将"集中实践教学环节"课程比例和学分加以提高，如该课程总计 12 学分，其中按照专业方向进行选择，开设了 3 学分/周时间的"城市规范设计与表现"，这在人文地理与城乡规划专业是从未有的。

目前，在 2015 版（2017 级）培养方案中，又将"集中实践教学环节"课程比例和学分进一步加大，如该课程学分又提高为 22 学分，其中按照专业方向进行选择，开设了 3 学分/周实践的"城市解读与规划设计"，并加大对学生的城市与区域规划设计能力以及城乡规划管理综合应用能力的培养。

（二）《城市规划设计与表现》集中实践教学调查分析

在 2016 版人文地理与城乡规划专业集中实践教学环节中第一次开设了专业限选课程《快速设计与表现》。本课程旨在掌握一般建筑方案设计方法的基础上，重点阐述快速设计的内在规律性和设计方法。本课程强调以创造性思维训练为基础，把方案设计过程看成创造性设计思维及思维成果的图面表达过程。通过本课程的学习和实践练习，加强学生的建筑方案快速设计与表现能力，初步形成适合于自己的设计方法与表现方法。

为了对应用型本科人文地理与城乡规划专业《快速设计与表现》课程实践教学环节（环节）进行较为深入的研究，作者带领本专业 2 名一年级和 1 名三年级的学生做了访谈问卷调查，并基于该问卷展开分析。

本次调查以人文地理与城乡规划专业 50 名同学作为样本，样本特征充分体现了人文地理与城乡规划专业《快速设计与表现》集中实践教学环节中的主要要素特征，如理论课程与实践课程的比例、偏好的教学方式、接受的是何种教学方式、实践教学环节中与老师沟通交流等 8 个方面的问题。

1. 性别比例

50 名被调查学生的性别比例如表 1 所示。

表1　被调查学生的性别比例

选　项	比　例
女生	68.18%
男生	31.82%

2. 现在就读的年级比例

50名被调查学生所在年级比例，如图1所示。

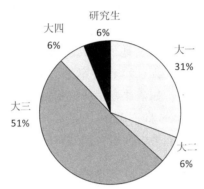

图1　被调查学生所在年级比例

3. 专业课程设置的理论课程与实践课程的比例

50名被调查学生所学理论课程与实践课程的比例，如图2所示。

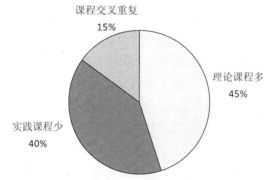

图2　理论课程与实践课程的比例

4. 偏好的教学方式比例（矩阵量表题）

对本专业教学方式的偏好，见表2。

表 2　教学方式统计一览表

题目＼选项	非常喜欢	喜欢	一般	不太喜欢	不喜欢
讲授教学法	6（28.57%）	7（33.33%）	7（33.33%）	1（4.76%）	0（0%）
问答教学法	4（19.05%）	8（38.1%）	8（38.1%）	1（4.76%）	0（0%）
讨论教学法	3（14.29%）	11（52.38%）	7（33.33%）	0（0%）	0（0%）
案例教学法	6（28.57%）	11（52.38%）	4（19.05%）	0（0%）	0（0%）
情景模拟教学法	7（33.33%）	10（47.62%）	4（19.05%）	0（0%）	0（0%）
读书指导教学法	4（19.05%）	5（23.81%）	11（52.38%）	1（4.76%）	0（0%）
演示教学法	7（33.33%）	8（38.1%）	6（28.57%）	0（0%）	0（0%）
课题研究教学法	7（33.33%）	8（38.1%）	6（28.57%）	0（0%）	0（0%）
讲座教学法	3（14.29%）	6（28.57%）	10（47.62%）	2（9.52%）	0（0%）
实习教学法	10（47.62%）	8（38.1%）	3（14.29%）	0（0%）	0（0%）
实践教学法	10（47.62%）	8（38.1%）	3（14.29%）	0（0%）	0（0%）
合作教学法	10（47.62%）	7（33.33%）	3（14.29%）	1（4.76%）	0（0%）

经分析发现，在实践教学环节中，学生"非常喜欢"所占的比例为47.62%，说明现在学生们普遍喜欢实践教学环节。

5. 你认为《快速设计与表现》实践教学环节中接受的是何种教学方式比例（多选题）

对本专业教学方式的偏好如表3所示。

表 3　实践教学环节中接受的何种教学方式统计一览表

选　项	小计	比　例	
a）讲授教学法	7		33.33%
b）问答教学法	8		38.1%
c）讨论教学法	16		76.19%
d）案例教学法	10		47.62%
e）情景模拟教学法	4		19.05%
f）读书指导教学法	3		14.29%
g）演示教学法	5		23.81%
h）课题研究教学法	7		33.33%

续表

选　项	小计	比　例	
i) 讲座教学法	0		0%
j) 实习教学法	5		23.81%
k) 合作教学法	17		80.95%

　　经分析发现，在实践教学环节中，学生非常喜欢"讨论教学法"和"合作教学法"，所占的比例分别为 76.19% 与 80.95%，说明现在学生们普遍喜欢在实践教学环节中开展互动讨论与小组合作设计团队方式。

　　6. 实践教学环节中与老师沟通交流比例（矩阵量表题）

　　实践教学环节中与沟通交流的方面，见表 4。

表 4　实践教学环节中与老师沟通交流次数统计一览表

题目 \ 选项	0~2 次	3~5 次	6~10 次	10~20 次	老师/组员与我同在
小组集体与老师沟通次数	0（0%）	13（61.9%）	1（4.76%）	1（4.76%）	6（28.57%）
小组集体沟通次数	0（0%）	5（23.81%）	4（19.05%）	5（23.81%）	7（33.33%）
你与老师沟通次数	2（9.52%）	11（52.38%）	0（0%）	2（9.52%）	6（28.57%）
你与组长沟通次数	2（9.52%）	4（19.05%）	5（23.81%）	3（14.29%）	7（33.33%）
你与组员沟通次数	0（0%）	5（23.81%）	3（14.29%）	6（28.57%）	7（33.33%）

　　经分析发现，在实践教学环节中，学生们普遍愿意与老师沟通，交流次数所占的比例为 33.33%，说明现在遇到问题时学生们除了自己解决，大部分愿意与老师沟通。

　　7. 对《快速设计与表现》实践教学环节中任务能够理解比例（单选题）

　　实践教学环节中对任务的理解程度，见表 5。

表 5　实践教学环节中对任务能够理解一览表

选　项	比　例	
完全能理解，很轻松完成任务		9.52%
能理解，需要辅助查阅资料		66.67%
基本理解，需要查阅资料并与组员讨论		23.81%

选　　项	比　　例
比较模糊	0%
不理解，完全摸不着头脑	0%

经分析发现，在实践教学环节中，学生们对任务"能够理解"所占的比例为66.67%，但需要辅助查阅资料。

8. 通过《快速设计与表现》实践教学环节训练，你认为自己的能力是否有所提升比例（矩阵量表题）

在实践教学环节中能力提升情况，如表6所示。

表6　在实践教学环节中能力提升方面一览表

题目\选项	大彻大悟	提升很大	提升一些	没什么进步	原地踏步
任务执行能力	2（9.52%）	8（38.1%）	9（42.86%）	1（4.76%）	1（4.76%）
学习能力	2（9.52%）	8（38.1%）	10（47.62%）	1（4.76%）	0（0%）
沟通能力	3（14.29%）	8（38.1%）	9（42.86%）	0（0%）	1（4.76%）
团队协作能力	2（9.52%）	12（57.14%）	5（23.81%）	1（4.76%）	1（4.76%）
绘图能力	2（9.52%）	11（52.38%）	6（28.57%）	1（4.76%）	1（4.76%）
理解能力	3（14.29%）	10（47.62%）	6（28.57%）	1（4.76%）	1（4.76%）

经分析发现，在实践教学环节中，学生们在能力提升方面，普遍认为"提升很大"，学习能力、沟通能力、协作能力和绘图能力所占的比例分别为38.1%、38.1%、57.14%和52.38%，说明学生们很认可实践教学环节。

（三）目前存在的主要问题

目前，在理科人文地理与城乡规划专业中开设的《快速设计与表现》实践教学环节还处在探索阶段，势必会存在一些不足，主要表现为以下几点。

（1）老师还比较注重课堂讲授，忽视学生们在教学中的主导地位。

（2）课堂教学讲课耗时多，让学生们讨论少，让学生们自己讲的时间更少（只有安排最后答辩汇报）。

（3）与老师期待的实践教学环节的目标还存在差距，"吃力不讨好"的尴尬现象十分普遍。

（4）学生们在独立设计方面还存在差距。

（5）由于学生存在理解偏差，体现在规划设计意图上东拼西凑等。

从专业角度分析和理解设计意图都不够，其最根本的是缺少体验式一对一实践教学环节。

三、《城市规划快速设计》课程实践教学环节改革的主要举措

（一）进一步明确实践教学环节中的目标、内容和创新点

1. 实践教学环节目标

在 2016 年开设的《快速设计与表现》课程实践教学环节基础上，建议把名称改为《城市规划快速设计》，突出以模拟真题——《城市规划快速设计》课程实践教学为研究视角，研究符合现阶段社会需要和符合应用型本科人文地理与城乡规划专业发展现状特征的一种或几种设计课程实践教学环节，为应用型本科规划设计类课程建设提供参考。

2. 实践教学环节内容

在对 2016 年开设的《快速设计与表现》课程实践教学环节存在的问题进行归类剖析问题成因的基础上，进一步构建符合应用型大学人文地理与城乡规划专业特色的实践教学环节内容，如教案、大纲、形式和方法等。在《城市规划快速设计》课程实践教学环节内容上：①充分体现模拟真题《城市规划快速设计》方案的综合训练过程；②可以创建更为真实的《城市规划快速设计》课程实践教学环节，以适应当前社会发展需求和应用型本科发展需求；③最终实现《城市规划快速设计》课程实践教学有针对性的一对一、因"题"施教性的目标。

3. 实践教学环节创新点

作者认为应用型大学人文地理与城乡规划专业开设《城市规划快速设计》实践教学环节课程，要有创新点，重点突出在以下方面。

（1）将设计类课程与实践教学能力培养两个目标有机结合，实现在学校期间模拟做规划师、设计师成长过程的经历。

（2）构建符合应用型本科特征《城市规划快速设计》课程实践教学新模式，即提出适合实际情况的动手城市规划快速设计课程实践教学的新模式。

在具体实施中，注意以下具体环节创新点，例如：①设置课程：将《快速设计与表现》名称可以改为《城市规划快速设计》，明确是在城市中的真实

规划设计性，而不是虚拟的；②实施中：将班级学生划分若干不同的小组，强化老师精准辅导对象（改变耗时多、收效低）；③目标中：培养学生对规划设计的感知力和表达能力（改变学生收效甚微）；④要求中：让学生充分借助图纸来解析城市地块规划设计意图（改变传统讲授教学效果）；⑤手段中：老师在实践教学环节中只帮助学生梳理自己的思路，传递其核心想法（改变学生理解偏差），另外在此环节应特别注意对学生创造性思维和探索性学习的鼓励。

总之，在整个《城市规划快速设计》实践教学环节中，教师不应进行过多的讲课和干预，而是充当组织者和答疑者的角色，最终试图构建一种或几种符合应用型大学人文地理与城乡规划专业特征的设计课程实践教学环节。

（二）进一步完善实践教学环节中主要举措

1. 任务分割及工作实施有机结合

在《城市规划快速设计》课程实践教学环节中，突出实际操作性和设计注重职业性，通过模拟真题教学与任务驱动相结合，进行教学实践研究，从而形成系统科学并实用有效的教学内容。课程教学与实践任务相辅相成，遵循从简到难的原则，通过模拟真题任务的完成，学生学习基础理论、掌握手绘技能，熟悉展示设计手绘效果图表现课程的各个学习环节。在实践教学环节训练实施中，注重手绘的基础与技能，把理论知识分解到实训中，根据模拟真题、技能强化和快题设计，培养学生功能规划、空间组合等综合能力。

2. 实施课内外实践教学环节一体化

未来开设《城市规划快速设计》课程实践教学环节由校内双师型教师和校外企业设计师组成师资团队，实施课内外教学一体化。①课内教学：使用多媒体教学手段，由教师进行现场辅导，学生跟随模拟真题的办法进行教学，并结合要领讲授、图纸理解、视频观看等多种方法，使学生掌握各种设计技法原理知识，培养学生动手设计能力。②校外实践：结合北京市（或者京津冀、雄安新区）某个"地块"模拟真题实践教学环节，发挥导师的专业引导作用，在接触实际项目中，通过构思规划和设计表现，进一步深化巩固课堂所学的技能与知识。

3. 实施"以学生为中心"的实践教学环节

《城市规划快速设计》课程实践教学环节要"以学生为中心"，吴亚琪等人指出"让学生自主学习与知识获取为主的实践教学环节是一种以创新能力培养为主线"。下一步人文地理与城乡规划专业开设的《城市规划快速设计》，突出模拟真题实践教学环节，让学生根据《中华人民共和国城乡规划法》《城市规划编制办法》《城市用地分类》等法规标准和课堂上学的知识，自主设计完整的规划方案，包括规划文本、说明书的编制。另外，在实际辅导过程中以小组为单位（6人左右），放手让学生们自己做设计方案和功能空间结构布局、道路系统规划等，老师仅仅帮助答疑解惑，充分调动学生们在小组里的积极性，并围绕问题展开讨论研究，最终完成规划设计方案。通过规划方案的编制，学生可以掌握详细规划的流程，并能熟练运用规划制图软件 CAD 和 PS，实现模拟做一名规划师的经历。

另外，教学与思政建设发展需要结合起来，例如现如今大部分城市规划都处在"多规合一"阶段，即在一级政府管理权限下，强化国民经济和社会发展规划、城乡规划、土地利用规划、环境保护、文物保护、林地与耕地保护、综合交通、水资源、文化与生态旅游资源、社会事业规划等各类规划之间的衔接。学生可以通过《城市规划快速设计》课程实践教学环节了解"多规"中的规划保护性空间、开发边界、城市规模等重要空间参数一致性，并在教师指导中初步掌握"合一"的一些空间信息平台控制线体系，即学会如何优化空间布局、有效配置土地资源、提高空间管控水平和治理能力的目标等。

4. 改革考核方式，增设学生个人评分和素质评分

采取过程评价（项目个人自评及图纸质量）和结果评价（总体图纸及素质评价）相结合的评价方式，分三个项目阶段考核和课程综合素质评价考核。个人自评分和素质评分，充分调动了学生的学习主动性，加强了学生的创新意识、团队合作意识和交流沟通能力，提高了学生综合职业素质能力。

综上所述，作者认为开设《城市规划快速设计》课程不仅是人文地理与城乡规划专业教学中理论与实践相结合的重要环节，而且也是全面提升学生专业素养和思政建设的重要途径。它对应用型本科学校尤为重要，当然对学生后续的专业学习，特别是动手训练有着极大益处，这完全符合人文地理与城乡规划应用型本科专业培养创新型人才的目标。

📖 **参考资料**

[1] 吴亚琪，朱恺军，陆张维. 人文地理与城乡规划专业实践教学改革研究——以浙江农林大学为例 [J]. 教育教学论坛，2014（2）.

[2] 职晓晓. 城乡规划专业设计类课程内容体系改革研究——以河南理工大学为例 [J]. 绿色科技, 2016 (6).

[3] 杨靖. 城市规划专业实践教学中助教角色的培养 [J]. 考试周刊, 2013 (5).

[4] 程建芳. 借鉴国外经验强化应用型本科教育实践教学 [J]. 中国高教研究, 2007 (8).

[5] 洪林. 国外应用型大学实践教学体系与基地建设 [J]. 实验室研究与探索, 2006, 25 (12).

[6] 常彦琪. 管国政. 国外高校本科生拔尖创新人才培养模式研究 [J]. 北方经贸, 2016 (2).

[7] 赵慧, 王立, 王亚轩, 等. 高校本科生毕业阶段实践教学改革探索 [J]. 教育教学论坛, 2015 (6).

[8] 赵梅, 常伟东. 对本科实践教学管理模式的探索和创新 [J]. 高等理科教育, 2006 (6).

[9] 罗枫. 基于实践项目引领的手绘效果图课程教学实践思考 [J]. 教育教学论坛, 2015 (37).

[10] 张昌松, 郭晨洁. 以科研促进本科生教学——一种崭新的实践教学模式的探索和研究 [J]. 新西部 (下半月), 2009 (12).

[11] 来朝旭. 城市设计课程教学研究 [J]. 新课程研究: 高等教育, 2012 (3).

基于 OBE 的《遥感图像处理》课程教学改革初探

邹柏贤❶

【摘　要】在社会对地理信息人才的需求不断提高，基于成果导向教育的教学改革背景下，《遥感图像处理》是地理信息科学专业的重要专业课程，其教学目标必须为地理信息科学专业人才的培养目标做贡献。本文提出《遥感图像处理》课程的学习成果目标及地理信息科学专业对应的人才学习成果；提出学与教的方法及手段达成对应的课程学习成果，以及课程考核方式评价对应的课程学习成果。

【关键词】成果导向教育；专业学习成果；课程学习成果

遥感是 20 世纪中后期发展起来的新兴学科，遥感技术以其快速、宏观、信息量大、具动态监测等特性，揭开人类从外层空间观测地球、探索宇宙空间的序幕，为人类观测、认识地球提供有效的手段。遥感技术广泛应用于国土测绘、自然灾害监测和应急管理、资源调查等诸多方面。遥感系统的关键技术之一是遥感图像处理，《遥感图像处理》课程是为培养这方面技术人才而设置的。《遥感图像处理》具有真实直观、立体感强、信息量大等特点，是地理科学类、测绘类本科专业的一门重要专业基础课程。该课程主要介绍遥感原理、遥感图像处理、遥感应用的基本理论、基本方法和基本技能。[1]遥感图像处理是多学科的交叉，与地理学、地图学、计算机科学、统计学等学科都有很密切的联系。我国诸多高校开设了遥感科学与技术或相关专业，面向本科生和研究生传授遥感图像处理方面的理论和应用知识。

随着遥感技术的飞速发展，经济社会对遥感技术高技能人才的需求越来

❶　邹柏贤（1966—），男，博士，北京联合大学副教授，中国计算机学会高级会员。教授的主要课程有 Java 程序设计、遥感数字图像处理、计算机网络、网页设计与制作等。主要研究领域：机器学习、数字图像处理、计算机网络。参与完成 5 项国家自然科学基金等课题，在国内外学术刊物发表论文约 30 篇，其中 EI 检索 11 篇，核心期刊论文 12 篇。

越迫切，对《遥感图像处理》课程教学目标的要求越来越高，然而现实教学情况与实际社会需求之间尚有较大差距，表现为培养出来的学生在遥感技术技能方面的滞后，不能满足社会的需求。[2] 因此，为提高学生遥感技术技能，使学生能更好地满足社会需求，笔者在多年对这门课程的教育实践与科研活动基础上，总结该课程教学改革经验和方法，以地理信息科学专业的学习成果为目标，提出面向成果导向教育（OBE）的《遥感图像处理》课程教学改革。根据地理信息科学专业培养方案，地理信息科学专业的学习成果是使学生具备：①数字图像处理能力；②扎实的学科基础知识及本专业基本理论知识；③运用从事本专业相关工作所需的自然科学知识的能力；④具有科学思维方法及综合运用所学科学理论和技术手段分析并解决本专业相关问题的能力；⑤了解地理信息科学前沿发展现状和趋势；⑥社会责任感，践行社会主义核心价值观。为此，笔者提出一套学与教的方法与手段，以便达成相应的学习成果，并给出了相应的考核方式，从而为上述教学目标的实现进行评估。

一、成果导向教育

自 20 世纪 80 年代以来，斯派蒂、斯洛克、布兰迪等教育家对以成果为基础的教育进行了长期的研究，在他们看来，成果导向教育理论是以人人都能学会为前提，以学生为中心、成果为导向而设计的。[3] 成果是学生通过学习最终所取得的学习结果，成果应兼顾学生及生活等多方面的重要内容和技能，并注重其实用性，是学生通过若干阶段学习后所能达到的综合能力。成果的重点不在于学生的课业学分，而是在于学习历程结束后学生所拥有的能力，重点在于确定学生的毕业能力。毕业能力包括创造性思维的能力、组织领导和策划的能力、分析及综合信息的能力等多方面综合能力。[4] 随着成果导向教育理论的不断发展，教育界广泛认同和采纳这种理论。成果导向教育的成果在我国即是培养学生的动手能力、实践能力和可持续发展能力，促进学生技能的培养。OBE 强调人人都能成功，根据学生的个体差异，制定个性化的评定等级，学校比学生更应该为学习成效负责。

基于成果导向教育的高校教育改革要实现如下三个转变：①从学科导向向目标导向转变。传统的教育是学科导向的，它遵循专业设置按学科划分的原则，教学设计更加注重学科的需要，而在一定程度上忽视了专业的需求。成果导向的教育是目标导向的，它遵循的是反向设计原则，是从需求开始，由需求决定培养目标，再由培养目标决定毕业要求，再由毕业要求决定课程体系。正向设计是从课程体系开始，逆向过程到毕业要求，再到培养目标，再到需求。强调培养目标要以需求为导向，毕业要求要以培养目标为导向，课程体系和课程教学要以毕业要求为导向。②从教师中心向学生中心转变。所谓以教师为中心是指，教学设计主要取决于教什么，教学过程主要取决于怎么教，教学评价主要取决于教得怎么样。以学生为中心的教育要求整个教学设计与教学实施都要紧紧围绕促进学生达到学习成果来进行，要求提供适切的教育环境、了解学生学什么和如何学、引导学生进行有效学习，并实施适切的教学评价来适时掌握学生的学习成效。强调教学内容根据对学生的期望而设计，评价的焦点是学生的学习效果与表现。③从质量监控向持续改进转变。目前我国高校的教学质量管理，还停留在对教学环节进行质量监控的初级阶段，初步具备了监督、调控功能，但缺乏改进功能。一个具有完善功能的质量管理体系应该具备"闭环"特征，即通过监督功能发现偏差，通过调控功能纠正这些偏差，再通过改进功能分析产生这些偏差的原因，并对系统进行改进。成果导向的教育要求建立一种有效的持续改进机制，从而实现如下功能：能够持续地改进培养目标，以保障其始终与内、外部需求相符合；能够持续地改进毕业要求，以保障其始终与培养目标相符合；能够持续地改进教学活动，以保障其始终与毕业要求相符合。

二、基于 OBE 的课程教学改革思路

根据成果导向的教育要求，《遥感数字图像》处理作为地理信息科学专业的重要专业课程，预期的课程学习成果必须以专业学习成果为目标；提出预期的课程学习成果是：①掌握遥感图像的变换、滤波、分割、分类的原理和方法；②掌握遥感图像特征提取的方法；③提高对遥感图像的增强处理、分析和解译的能力；④理解高光谱图像和高空间分辨图像特点及处理方法，了解遥感图像处理的最新发展动态。同样，学生的学习与教师的教学方法，以及学与教的手段都必须以课程的学习成果为目标。在该课程的教学中，我们主要采取讲授法、演示教学法、实践教学法，以及自主学习法；学与教的手段主要有课堂上借助多媒体讲授，通过多媒体教学平台演示操作过程、学生上机实践、学生自学参考教材、互联网资源。专业学习成果、课程的学习成果、学与教的方法、学与教的手段之间的关系如图 1 所示。

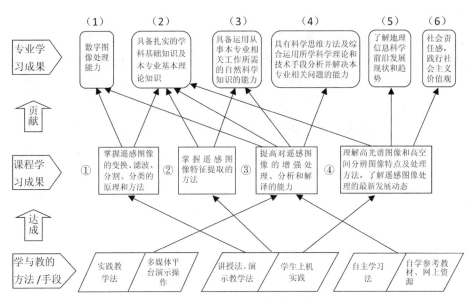

图1　基于 OBE 的课程教学改革思路

三、课程学习成果对专业学习成果的贡献

遥感图像是一种特定的数字图像，即遥感图像是数字图像的子集。数字图像处理的方法基本适用于遥感图像处理，反之，对遥感图像的处理方法，除包括一般数字图像处理的方法之外，还包括遥感数字图像的特定处理方法。因此，对遥感图像处理方法的掌握必然是对具备数字图像处理能力的贡献，遥感技术作为地理信息科学专业的重要内容，遥感图像处理相关内容（包括遥感图像特征提取）也是学科基础知识及本专业基本理论知识的重要组成部分；遥感图像的成像正演和反演过程的分解和探讨，以及几何校正、辐射校正、系统校正等[4]，都是从事本专业灾害监测、资源清查、土地调查、环境管理、宏观决策、城市公共服务、交通、导航及其他相关工作所需的自然科学知识的能力成果的重要内容。遥感图像具有真实客观、色彩鲜艳、直观可视、立体感强、动态性好、信息量大等优势和特征，符合学生学习的认知心理，能促进教学内容的完成，提高教学效果。这是遥感图像在地理信息科学教学中的认知途径和关键。从本专业学生的认知过程看，其学习过程是把生活中储存的地理经验、旧知识与新知识产生同化的过程。遥感图像的认知过程是把生活中储存的景观表象与地理经验，学习中获得的地理知识与经验，以及地图等其他图像学习的经验与遥感图像上色调变化表征的地理内容统一

起来的过程。[5]

提高对遥感图像的增强处理、分析和解译能力，是对数字图像处理能力的提高。作为学科基础知识和专业基本理论知识，在学习过程中逐步增长运用从事本专业相关工作所需的自然科学知识的能力，随着遥感图像处理知识的增加和技能的提高，实际案例问题的解决和锻炼，会逐渐培养科学思维方法及综合运用所学科学理论和技术手段分析并解决本专业相关问题的能力。另外，通过课程的学习，使学生理解高光谱图像和高空间分辨图像特点及处理方法，了解遥感图像处理的最新发展动态，既是学科基础知识和基本理论知识，也是了解地理信息科学前沿发展现状和趋势的过程，同时，也有助于培养学生的社会责任感，践行社会主义核心价值观。

四、学与教的方法及手段达成课程学习成果

为实现上述专业学习成果，要求达成预期的课程学习成果，我们采取讲授法、演示教学法、实践教学法和自主学习法相结合的教学方法。

（1）运用讲授教学法和演示教学法对遥感图像处理理论进行讲解，以及在实验软件 ENVI 环境下进行操作演示，使学生能顺利地完成上机实验，增强学生的动手能力。为了让学生形成典型的形象和建立确切的概念，在教学中要帮助学生揭示图像与旧知识之间的联系，建立样板图形的判读标志，并在比较中加强对概念和图形中本质属性的认识，再把概念图形放大到区域或复杂图形中让学生辨认，同时加强图像中显著区域的认知，积累相关经验，进行地理景观的立体观察，扩大感知经验，即通过立体形象的感知，建立与生活经验和地图的关系，使地图符号和图像标志趋同化，建立图像概念思维模式图形。同时，在课堂上安排时间让学生及时地上机实践，加深对知识的理解，并通过实践巩固知识。使学生掌握遥感图像的变换、滤波、分割、分类的原理和方法，掌握遥感图像特征提取的方法，理解高光谱图像和高空间分辨图像特点及处理方法，也了解遥感图像处理的最新发展动态。

（2）运用实践教学法，安排一些遥感图像处理的专题实验，老师一边引导学生，学生一边上机实践，或者结合实地考察，扩大实际判别经验，通过不同区域、不同时相、不同波段的遥感图像判读，举一反三，扩大原型操作经验，通过"图形模式"认识地理事物；提高对遥感图像的增强处理、分析和解译的能力。

（3）采取自主学习法，拓展知识面，拓宽学生视野。在课后安排学生自

主学习参考教材，以及网络学习资源，进一步提高对遥感图像的增强处理、分析和解译的能力。问题是思考的切入点，教师不断提出问题引导学生观察遥感图像，直至找到解决问题的方法和途径。

五、考核方式

《遥感图像处理》课程是考试课，考虑到上机考试中实际操作的不稳定性，以及需要较长的完成时间，不组织专门的期末考试。根据平时考勤和课堂表现、实验报告、作业以及期末考试构成总评成绩，平时成绩和期末成绩分别占 40%、60%，期末考核方式为大作业。通过实验报告、课后作业完成情况和完成质量，评估掌握遥感图像的变换、滤波、分割、分类的原理和方法，掌握遥感图像特征提取的方法，以及掌握遥感图像的增强处理、分析和解译的能力的情况。对有关遥感图像特征提取以及理解高光谱图像和高空间分辨图像特点及处理方法，了解遥感图像处理的最新发展动态等学习成果的考核方式，将在下一步的教学实践中补充和完善。

遥感系统的关键技术之一是遥感图像处理，《遥感图像处理》课程是为培养这方面技术人才而设置的，是地理科学专业的一门重要专业基础课程。在社会对地理信息人才的需求不断提高、基于成果导向教育的教学改革背景下，《遥感图像处理》的教学目标必须为地理信息科学专业人才的培养目标做贡献。

参考资料

[1] 韦玉春，汤国安，杨昕，等. 遥感数字图像处理教程 [M]. 北京：科学出版社，2007：87-121.

[2] 邹柏贤，孟斌. 两种教学法在遥感图像校正教学中的应用 [J]. 地理空间信息，2017, 15 (12)：108-110, 112.

[3] 李光梅. 成果导向教育理论及其应用 [J]. 教育评论，2007 (1)：51-54.

[4] 李贤凤. 成果导向教育理念的学习研究 [J]. 职业研究，2015 (7)：164.

[5] 陈久和. 遥感图像在师范地理教学中的应用研究 [J]. 德州学院学报，2001, 17 (4)：80-83.

以成果导向为基础改进《数据结构》课程教学[❶]

杨广林[❷]

【摘　要】本文首先分析了在传统教学模式下《数据结构》课程教学所存在的问题，然后介绍成果导向模式下教学改革的基本思想，最后阐述了以成果导向教育模式为理念的《数据结构》课程教学方案的要点。

【关键词】数据结构；成果导向；教学方案

《数据结构》是计算机类和地理信息科学类专业的核心基础课程之一，是许多专业核心课程的先修课，在课程体系中占有很重要的地位。它同时又是一门理论和实践的结合性很强且具有广泛应用的课程。在知识方面，要求学生掌握常用数据结构的基本概念，使学生了解数据对象的特性，数据组织的基本方法[1,2]；在技能方面，通过系统学习能够在不同存储结构上实现不同的运算，并对算法设计的方式和技巧有所体会，通过编程实践，可以养成良好的程序设计风格，积聚和提高基本的分析设计能力。因此，奠定好数据结构的基础很重要。然而现实的情况是尽管数据结构作为地理信息科学专业的必修的核心课程，受到广泛重视，但从总体上说学习效果并不好，学生普遍感觉理论内容比较难懂，实验操作存在困难，实际应用更是力不从心。

一、教学中存在主要问题的成因

（一）《数据结构》理论性强，抽象的概念较多

《数据结构》课程内容抽象，涉及很多概念和技术。离散化的特点不符合学生已有的思维习惯，高等数学是连续性数学，在缺乏应有训练的情况下，

❶　北京联合大学应用文理学院院级核心课程《数据结构》建设阶段性成果。

❷　杨广林（1963—），男，博士，北京联合大学副教授。教授的主要课程有数据结构、高等数学、算法分析与程序设计等课程。主要研究领域：计算机视觉、人工智能。

学生原有的数学思维习惯很难适应。另外，内容均自成体系，相互之间的衔接线索很少，总体感觉内容零散，没有整体的知识框架体系。基础薄弱学生可能望而却步，学习兴趣不高。

（二）程序设计语言能力的不足

数据结构是研究数据对象的逻辑关系以及数据各种操作运算如何在计算机中的实现，而表达这些结构关系和算法需要使用程序设计语言，因此程序设计语言是学习数据结构必备的基础。以 C 语言为例，为了表达数据的存储结构和操作，要利用 C 语言中的数组、结构体、函数、指针等知识点，这些知识都是 C 语言中的难点。在 C 语言没有掌握好的情况下，在学习数据结构过程中，如果用到这些知识时就会感到很茫然，致使教学效果不理想，导致学生丧失对该课程学习的兴趣和信心。

（三）传统的被动教学方式影响学生的学习热情

一直以来，《数据结构》课程的教学，采用的是教师讲授为主，学生学习是被动的和盲目的，教学过程严格按照教学大纲和教学进度来组织进行。在整个教学过程中，教师较少考虑学生接受理论知识和编写、调试程序的能力方面的不足。对于《数据结构》这样一门理论性强、概念和算法繁多、需要较强逻辑思维能力的课程仍采取传统单纯讲授式的教学模式，很难取得良好的教学效果和达到预期的教学目的。

（四）专业导向不明确

作为专业基础课，概念理论固然重要，但如果缺乏实际应用背景，很难在学生心中产生共鸣，学生容易对课程学习的意义产生怀疑，失去学习方向，学习的兴趣和主动性逐渐减退。另外，受现行的教学计划学时的限制，实验课安排的实验项目往往都是大量的验证性实验，缺乏对专业目标导向实际问题的案例，在做了基本的验证性实验之后，学生仍然不知道学习《数据结构》在解决实际问题中的作用和今后在专业学习中的意义。

二、面向成果导向的教学模式

成果导向教育（Outcome-based Education，简称 OBE）1981 年诞生于美国，之后在许多国家得到推广应用，其理念为"对教育系统中的每个环节进行清晰的聚焦和组织，确定一个学习的目标，围绕这一目标使学生在完成学习过程之后能够达到预期的结果"[3,4]。与强调知识结构、教师传授为主导的传统教育相反，成果导向教育是对传统教育的实质性突破。OBE 强调学生的预期学习成果的确定、达成方式以及达成度的评价。基于成果导向的教学模式包括三大模块：预期学习结果、教学活动和结果评估。预期学习结果用来描述学生在规定的课程结束时预期达到的成果；教学活动环节的关键点在于教师想要学生学到什么，而不是教师怎么教，或者教什么；在评估环节，使用多种真实性的评估任务来进行评价，并且鼓励学生进行自我反思以培养探究与创新等能力。成果导向教育的主要目的是引导学生在学习过程中"学会学习"，学会在学习中遇到问题时去寻求所需要的知识，通过知识的积累和技术能力的增强使自己处理实际问题的能力增强。

三、基于成果导向的《数据结构》教学方案

关于如何解决《数据结构》课程教学中存在的问题，本文从教学理念、教学方法和教学手段等方面，提出了教学改革的思路。基于成果导向的《数据结构》的教学改革，也可能是突破传统模式束缚、提高教学效率的途径。

在基于成果导向的课程体系中，数据结构是达成专业目标教育成果纽带的重要结点。在成果导向下，课程教学目标服务于专业的最终学习成果，依据成果导向的教学理念，教学活动需围绕教学目标进行，这意味着教学内容、教学方法和考核方式必须针对教学目标进行改变，将教学内容分解，确认所有教学内容完全达到教学目标要求，教学内容分解分析的过程，也是对教学内容确立的论证过程。表 1 是我校《数据结构》课程教学目标对地理信息科学专业学习成果的贡献。

表 1　课程目标与专业毕业要求指标点的对应关系

预期学习成果	本课程学习成果会对以下专业学习成果做出贡献
1. 掌握数据结构的基本概念	1. 具有运用从事本专业相关工作所需的人文社会科学、自然科学知识的能力； 2. 具有社会责任感，践行社会主义价值观
2. 掌握三种数据逻辑结构特点	1. 具有科学思维方法及综合运用所学科学理论和技术手段分析并解决本专业相关问题的能力； 2. 具备扎实的学科基础知识及本专业基本理论知识，了解地理信息科学前沿发展现状和趋势

预期学习成果	本课程学习成果会对以下专业学习成果做出贡献
3. 掌握数据的各种存储结构及数据处理方法	1. 掌握空间信息采集、建库的基本技能； 2. 具备空间数据综合集成和数字图像处理能力； 3. 具备地理信息系统开发基本能力
4. 算法设计和上机实践的训练	1. 掌握空间信息采集、建库的基本技能； 2. 具备地理信息系统开发基本能力

（一）课程内容的选择

设计一次授课方案，首先，明确课程内容的教学目标，成果是学生实现学习内化的过程。其次，精炼教学内容，数据结构是在低年级开设的，学生的抽象思维和逻辑分析能力不强，课程开始就讲授过多的抽象理论，学生很难适应，接受专业课程知识有一个过程。在内容选取上，应摸准学生现有的知识和能力，循序渐进，降低学生学习的难度，避免畏难情绪的产生。再次，加强程序设计语言知识的传授，尽管程序设计语言不是《数据结构》课程的内容，夯实程序设计语言基础是学好《数据结构》的必要前提，学生程序设计语言能力的强弱直接影响到《数据结构》教学活动的开展。特别要注重对于函数、指针、结构体等贯穿于数据结构的知识点的学习，以缓解学生在理解数据结构中存储结构及算法描述方面的压力。最后，加强上机实践训练，学生完成验证性基本算法实践后，再做一些典型的应用程序。例如：在线性表应用示例的学生成绩管理，堆栈应用的表达式求值问题，队列应用的舞伴问题等，这样可以加深学生对算法理解和灵活应用能力，有效地提高学生解决实际问题的能力。

（二）教学方式方法选择

1. 引导学生课前预习

成果是学生实现学习内化的过程。OBE 强调学生需从一开始学习就有清晰、明白的目标和预期表现，学生对其学习成果能够十分清楚地了解并有所期待，这样会使学习更有针对性，提高学生学习的主动性。所以课前的准备是课堂教学成功的关键。在每次课堂教学活动开始之前，教师利用网络工具或其他方法向学生阐述下次课的学习目的、要求和预期学习成果。为引导学生开展课外的自主学习，教师为学生准备不同形式的学习材料。通过预习，学生课堂学习更有针对性，同时要鼓励学生深入思考、提出问题，激发其求知欲望。课前预习方式也可以通过实际应用例子，学生可以尝试提出解决方案。总之带着问题进课堂，可以有效提高学习效率。为了鼓励学生预习，养成课前预习的习惯，可以把预习情况纳入学生平时考核范围。

2. 以学生为中心的课堂

传统的教学模式中教师是主体，学生被动地听讲，学生容易厌倦，不利于调动学习的积极性，毕竟教学本身应该是以学生学会为目的，学生是教学活动的主体。在此教学模式下，强调学重于教，教师在教学中应起组织、引导、答疑的作用，不能只站在讲台上罗列理论知识和描述算法，以完成教学任务为目的。为了改变传统的教学模式，要开展质疑问难的课堂讨论，为了尽量给更多同学讨论发言的机会，讨论可以分组进行，主要针对预习中存在的疑点提出问题，然后由学生之间进行交流解决。针对不能解决的共性问题，教师则分类在课堂上集中引导学生解答，对于个性问题教师则一对一地进行指导。在讨论过程中，鼓励学生勇于发表自己的理解和观点，教师要注意掌控课堂局面。这样不仅可以提高学生的学习兴趣，也可以提升学习的紧迫感，使学生变被动学习为主动学习。

3. 加强案例教学

案例式教学模式[4]起源于哈佛大学，一般应用于实践性较强的学科的教学，《数据结构》学科的特点符合案例式教学的要求。案例式教学模式是为了完成教学任务，结合实际项目开发的例子，在老师的指导下，学生自己对案例进行分析、讨论和实现，做到了运用相关的概念知识解决实际问题，达到学用结合，以利于对知识的理解和掌握。一般来说，案例教学可以有两个层面，一类是讲解知识点时，尽可能地结合具体应用实例，有了应用背景，学生学习更有目的性，教学效果也会更突出，例如在介绍稀疏矩阵时结合其图像压缩问题；另一类是操作综合型案例，强调学生的参与。设计这类案例要考虑学生的接受能力，不宜太偏太难，另外要给学生自己发挥的余地，鼓励学生探索创新。

本文结合教学经验和成果导向教学模式，阐述了《数据结构》教学中的观点，作为地理信息科学专业课程体系中的专业基础课，《数据结构》课程的教学改革不仅要从理论上进行探讨，还要从内容结构、教学方法等方面进行研究。目前以学生为中心的观点深入人心，在教学实践中，还应充分考虑到学生的实际情况，合理选择教学内容和教学方式，因材施教，注重学生兴趣和能力的培养，使得各种水平和能力的学生都能从学习《数据结构》中获益，为进一步的专业学习打下一个良好的基础。

参考资料

[1] 张乃孝. 算法与数据结构（2 版）[M]. 北京：高等教育出版社，2006：139-150.

[2] 严蔚敏，吴伟民. 数据结构（C 语言版）[M]. 北京：清华大学出版社，2007：1-36.

[3] 陈楠. 基于成果导向的程序设计课程教学改革研究 [J]. 计算机教学与教育信息化，2015（4）：108-109.

[4] 夏俊彪. 美国成果导向体育课程目标设计及其启示 [J]. 体育文化导刊，2015（1）：168-171.

《地理信息系统》双语课程建设的实践与探究

陈静❶

【摘　要】《地理信息系统》双语课程建设是当前地理信息科学学科教学改革的必然趋势，也是我国地理信息科学行业与国际接轨的必然要求。本文从地理信息科学专业的特点出发，结合学科发展现状，研究和分析《地理信息系统》双语课程建设思路、教学模式及教学实践流程。针对双语课程教学实施过程中出现的问题，提出提高双语教学效果的有效途径。

【关键词】双语教学；地理信息系统；教学模式

随着全球经济一体化及改革开放的不断深入，我国与国际间交流与合作日益频繁，各行各业与国际密切接轨，已然成为必然趋势。培养既精通专业知识又精通外语的高素质"复合型"人才已成为高校的一项迫切任务。[1]《地理信息系统》课程具有很强的国际共通性，目前主流的地理信息系统软件，无论桌面软件和开发软件，绝大多数使用英文作为界面指示和联机帮助用语，甚至是直接基于英语开发的。今天，从不断国际化的市场需求上看，市场需要大量既有专业知识又能在操作流程中熟练使用英语的专业人才，而高校培养的大多数学生虽具备一定英语基础，却不懂如何在地理信息科学过程中使用英语。

本文以地理信息科学专业核心课程《地理信息系统》为例，探讨双语教学模式、课程建设思路和实施过程中存在的问题及解决途径。

一、双语教学内涵

所谓双语教学，即用非母语进行部分或全部非语言学科的教学，其实际内涵因国家、地区不同而存在差异。[2]我国早期双语教学实践集中于少数民族

---

❶　陈静（1977—），女，硕士，北京联合大学讲师。教授的主要课程为管理学概论、地理信息系统原理等。主要研究方向为企业管理、物业管理、管理信息系统领域。

地区，即少数民族语言和汉语的教学环境。随着我国普通话教育的普及，现阶段高校双语教学多是指英语和中文双语授课。

教育部对高校本科课程中使用双语教学的要求为，引进原版教材和提高师资水平，每堂课使用外语讲解本学科知识的比例不少于50%。

然而双语教学内涵不仅局限于"双语授课"，双语教学的最终目标是学习者能同时使用母语和英语进行思维，能在这两种语言之间根据交际对象和工作环境的需要进行自由的切换。[3]即双语教学的目的不仅是在专业知识基础上运用英语，更是通过英语在专业领域中的运用，达到专业化英语思维的效果。就《地理信息系统》课程双语教学而言，其目的不仅是使学生流利地运用英语，更重要的是能针对GIS专业问题，以英语思维方式进行深入思考。

二、教学模式设计

《地理信息系统》课程打破传统教学模式，将教学内容以模块化方式进行组织，具体包括两个模块：GIS基本理论模块、GIS试验任务模块。双语教学属于特殊的教法，教学中要求针对学生的英语水平，遵循"循序渐进"的原则。[4]因此，在两大模块基础上，应用"四层次"教学法。第一个层次是基础层（Basic Level），上课时，用英语对关键词和有关概念等基础知识进行简单讲述，如通过地理数据库geodatabase，空间分析spatial analysis和空间可视化spatial visualization等模块构建知识体系，将理论系统化，清晰化，并通过实践模块加以应用；第二个是应用层（Application Level），授课时教师尽量用英语表达课程内容，以中文适当说明，由浅入深地讲解，注意交流并强调互动，使学生深入了解GIS课程知识体系，并能以英语为工具逐步表达其所学内容；第三个层次为双语思维层次（Bilingual Thought Level），为营造英语语言氛围，课堂上的互动环节、教师提问和学生的回答均以英文进行，逐步转化学生惯性语言思维模式，真正实现地理科学化英语思维模式；第四个层次是实践模拟（Practical Simulation Level），以任务为导向，通过其他教学媒介如实案例分析调动学生的积极性，不仅使学生掌握地理信息系统软件操作流程，而且在应用中巩固英语专业知识，锻炼英语思维和表达，真正实现语言作为交际工具和思维工具的社会功能，达到双语教学的目的。

模块化与层次教学法相结合的作用在于，可以将中文教学和英语教学灵活结合，充分体现"地理信息系统 & 英语"复合型知识结构模式。这种模式有别于英语专业学生的培养，它所强调的是在立足于夯实管理专业化教育的前提下，重视和突出对专业人才外语能力的培养，实现专业课教学与英语教学在学时比重与教学内容的有机协调。

三、课程建设

《地理信息系统》双语课程建设目标是建立以双语教学为主导，学生自主学习为补充，实现双语教学共享网络资源平台。通过理论模块和任务试验模块对教学内容进行有效组织，充分利用现有软硬件条件，以任务为导向，采用案例教学、录像教学、专题讨论等多元化教学手段。以"四层次"教学法来实现整个课程内容的组织。调动学生学习的主动性，建立以双语教学为主导、学生自主学习为补充的四维一体的教学模式。

教材建设方面，采用国外原版英语教材，充分体现"原汁原味"英语魅力。结合我国地理信息科学行业特点，参考国内外相关资料，进行适当采集编辑。根据内容建立并完善 GIS 案例数据库，建立包括双语课件和媒体案例库在内的共享教育平台。课程建设思路及框架如图 1 所示。

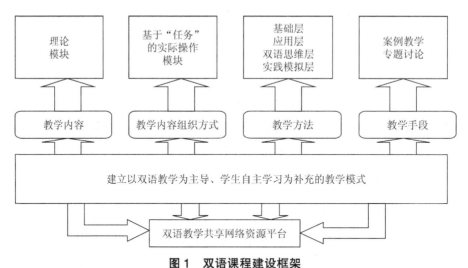

图 1　双语课程建设框架

四、课程实践

《地理信息系统》双语课程建设，通过层次教学法完成两大模块教学内容，授课过程中应用实践教学贯穿始终。

具体操作如下：首先，课前 Warm up，通过案例分析等引出，并以双语形式列出本节课的基本内容，如讲授第五章"空间分析"（Spatial Analysis）

第二节 "叠加分析"（Overlay）时，以英文小视频 "肯德基和麦当劳之间竞争" 为课程导入，探讨选址在商业竞争中的作用，进而引出本节课的 "任务" ——选址（site selection）问题。列出关键词（Key words），使用简单的英语句子，对所选址相关的内容进行表述，讨论选址应考虑相关因素及图层，再用中文进行解释。其次，对于较浅显的内容、专业术语等用英语讲授，由浅入深，并逐渐增加英语教学的比例。试验过程中，鼓励大家用 Arcgis 英文版软件，结合 Arcgis help 中对 site selection 的描述，同学们可以更深刻地理解老师所给的 "任务"。最后选址（site selection）任务实现后，鼓励同学们用Python 语言结合地理建模（Model builder）生成自己的选址工具。任务实现过程中，讲解什么是叠加分析、如何进行地理处理（Geoprocessing）、如何进行地理建模。整个教学过程使用英语贯穿全流程，即由任务开始，到上机实践，再实践过程中讨论所遇到的问题，到相关理论讲解，最后完成任务。

双语课程授课中充分体现以学生为本的教学理念，课程 PPT 建设为英—中对照，用英语进行知识点讲解、英—中结合对焦点问题进行透析，并就重点问题进行课堂英语讨论。采取提问、视频播放、专题讨论等教学手段，如第二章 "数据模型" 讲述过程中，当大家理解了栅格数据（raster）和矢量（vector）数据的概念后，教师可以提问 "Can you tell me the difference between raster data model and vector data model?"

鼓励学生以英文回答，并将学生分成两组，以英语辩论的方式探讨两种数据模型优劣之别，这样使学生积极参与到整个教学过程中，不仅深化了专业知识，锻炼了英语专业思维，也调动了学生的学习主动性。每节课结束时，用中英文总结本节课讲授内容，根据下一讲授课内容，将事先整理好的英文资料分发给学生预习，使学生上课之前对内容有一定的了解和准备，能够主动提出问题，这样既培养了学生自主学习的能力，又扩充了专业外语词汇量。并列出其他中、英文参考文献，鼓励学生自行查找并自学英文资料，第二节课上与老师点评方式相结合，增大启发式教育效果。

在课后复习过程中强调英语论文的作用，提高专业英文的应用能力。此外，充分利用校园网络体系，将相关英文资料、PPT 以及影像等教学资料共享，分单元列出重要名词、重要问题解答，巩固所学知识和难点，最终完成双语教学共享网络资源平台。

五、现存问题及对策

(一) 授课难度大

双语教学对师资的要求较高。[5]《地理信息系统》课程双语教学模式不仅要求教师有扎实的地理信息系统专业知识，而且要用准确、流利的英语讲解专业知识，及时解答学生的疑问。教师能否具备良好的英语表达能力和深厚的专业知识，是能否进行双语教学的最为核心的因素。[6]现阶段，几乎所有高校教师均获得硕士及以上学位，都具备一定的英语水平和专业能力，但真正在课堂上能流利自如地使用英语讲授专业课的并不多。作为一线教师的笔者虽然有在美国深造和学习的经历，也有一定的外语功底，但由于缺乏双语教学经验，深深体会到授课和驾驭课堂的困难及进一步提升的制约。如能在涉外地理信息科学企业兼职或定期进行双语业务培训，可以有效突破双语教学的瓶颈问题。

(二) 学生英语水平

由于学生英语水平参差不齐，而且在本课程开设以前学生所接触的专业英语较少，因此，在授课过程中，学生若读不完或读不懂教师布置的教材和相关阅读资料的内容，则很大程度上就会降低学生的学习兴趣。部分学生英语基础较好，但也很容易徘徊于英语和专业知识之间，影响了专业知识的掌握。因此教学过程中应明确"专业第一、语言第二"的原则[7]，积极鼓励学生，多与学生沟通，及时根据学生的接受能力调整教学，使学生有信心面对双语教学，提高学生的积极性。

(三) 课堂要求高

双语教学要求具有良好语言环境和思维情景，要求每位同学都能有机会参与课堂的听、说、读、思和写，因此课堂氛围至关重要，课堂人数应有严格限制。另外，《地理信息系统》课程双语教学本身即要求有两倍以上课时尚能完成教学目标，且由于部分学生阅读英文资料的速度慢也会影响授课进度。因此，应根据学生不同的外语水平进行分班授课（如每班 10 ~ 15 位同学），分别制订合理的教学安排、教学计划，也应分别设计教学大纲和教学教案，进而兼顾不同外语水平学生的学习。

（四）教材与参考资料

双语教学要求用国外相同学科的原版教材[8]，但目前使用国外原版教材有很大困难。首先，《地理信息系统》原版教材大多价格昂贵，对于学生而言，负担过重；其次，原版教材内容多，学生读起来有一定压力；最后，外国原版教材不一定完全适合我国学生使用，尤其是基于案例或任务式教学。由此，应根据学生和专业特点，制定教学大纲、课程标准，建议学校应给予适当资助，引进部分原版教材，组织行业专家和教师，结合我国地理信息科学行业状况，对其进行适当修改，或重新编写符合我国国情的《地理信息系统》双语教程。

 参考资料

[1] 赵翔宇. 试析高校双语教学的必要性及其存在的问题 [J]. 中国地质教育，2005（3）：122-124.

[2] 宋京津. 对会计学专业双语教学的探讨 [J]. 第四届会计与财务问题国际研讨会——会计教育改革与发展，2004（10），157.

[3] 孙晓丽. 汉英双语教学目标的几点思考 [J]. 湘潭师范学院学报（社会科学版），2005，27（3）：106-107.

[4] 孙东升，吴德全，迟强，等. 临床医学双语教学的几点思考 [J]. 齐齐哈尔医学院学报，2005，26（6）：692.

[5] 胡建林，杨和平，熊玮. 浅谈临床医学双语教学的问题及对策 [J]. 西北医学教育，2004，12（1）：82-83.

[6] 马萍. 谈谈多媒体在专业课双语教学中的应用 [J]. 长春大学学报，2005，15（4）：97-98.

[7] 来茂德. 推进双语教学　适应教育国际化 [J]. 中国大学教学，2005（6）：17-18.

[8] 邹建华. 关于专业课双语教学的几点体会 [J]. 中国科技信息，2005（17）：154.

网络分析法在地理学中的实践探索[1]

李艳涛[2]

【摘　要】网络分析法是计量地理学的重要方法之一，地理学中很多问题都可以转化为网络问题，为了让学生掌握这项技能，开设了《地理学网络分析》课程，本文主要探讨这门课开设的意义，怎样设计课程的实践方案，从而使学生更好地掌握网络分析在地理学的应用。

【关键词】网络分析法；实验；模块

一、开设课程的意义

地理学是研究地理环境的科学，即阐明环境、资源、人口等三者之间的相互关系及其分布规律的科学，随着生产的发展和人口的增加，人与地理环境的矛盾日益突出。环境污染及城市化进程快带来的交通拥堵和人口膨胀等问题已成为大家的关注热点问题。对地理环境的深刻认识和合理利用，已成为国家建设的紧迫课题。地理学的研究对象是人和地理空间，地理学与其他相关科学结合形成了许多边缘学科，如地貌学、气候学、植物地理学、交通运输地理学、人口与城市地理学、历史地理学、文化地理学等。简而言之，衣食住行都离不开地理学，地理学可以说是最接地气的学科。

结合地理学基本思想与计算机科学而发展起来的地理信息系统（GIS），以其强大的生命力和应用潜能，在短短的 40 多年里，不断发展壮大，它的主要功能早已不再局限于地图制图，空间分析已成为其核心功能。据统计，在所有的信息中，有 80% 左右的信息是与位置有关的空间信息。当今社会，对

---

❶　北京联合大学应用文理学院 2018 年度教育教学改革项目："基于 OBE 理念的实践课程探索——地学网络分析"的研究成果。

❷　李艳涛（1981—），女，博士，北京联合大学讲师。教授的主要课程有计量地理学、地学网络分析等。主要研究方向为代数图论。

于基于位置服务的需求日益增加，因此 GIS 有着广阔的服务领域与美好的发展前景。正如 ESRI 公司总裁 Jack Dangermond 所说："GIS 的应用只与一件事有关，那就是想象力。"地理信息系统已经成为现代地理学的三大分支学科之一，它是继地图学之后，地理学的"第三语言"。

20 世纪 90 年代以来，随着复杂网络的小世界效应及无标度性的提出，掀起了一股研究复杂网络的热潮。其主要思想是将真实系统的各个要素及要素间的关系转化为网络的节点和边，以网络的形式描述真实系统中各部分之间的关系。复杂网络为复杂性科学的研究提供了一种理论方法。网络分析（Network Analysis）是关于网络的图论分析、最优化分析以及动力学分析的总称。网络分析，是运筹学的一个重要分支，它主要运用图论方法研究各类网络的结构及其优化问题。网络分析方法是计量地理学必不可少的重要方法之一。对于许多现实的地理问题，譬如城镇体系问题、城市地域结构问题、交通问题、商业网点布局问题、物流问题、管道运输问题、供电与通信线路问题等，都可以运用网络分析方法进行研究。比如从 A 点到 B 点的最快路线是什么？从一个停靠点到另一个停靠点的路径有哪些？哪些房屋距离消防站的车程小于五分钟？一个人想要光顾一家商店，这个潜在客户应选择哪条路线可最快到达？哪些救护车或巡逻车能够最快对一起事故做出响应？一支配送或服务车队如何在提高客户服务质量的同时降低运输成本？这些问题都可以通过网络分析来实现。

怎样将网络中的分析方法应用在地理学中，开拓新的研究思路，已经成为必然趋势。因此，在此基础上开设了《地理学网络分析》的课程，目的是为了更好地解决地理问题，并且通过模型的分析可以挖掘出更多特性，进而优化现实中的网络，比如优化交通网络，从而提高人们的出行满意度。

二、课程实验方案设计

这门课面向地信专业的三年级学生开设，学生已经具备一定的 GIS 基础。为了更熟练地运用 GIS 软件，这门课的重点是上机操作。通过具体的问题分析让学生更深入地了解网络分析的方法和模型，采用循序渐进的方法进行实验，共分为 4 个模块，12 个实验来完成。

模块一：建立网络数据集和复杂网络数据集。如何在网络数据集上配置实时流量，并利用流量数据执行网络分析。利用地理数据库中的街道要素和转弯要素创建一个网络数据集，当多个要素类创建多模式网络数据集称为复杂网络数据集，比如不同的通勤者使用多种交通方式，货物也会在多模式网络中运输。

模块二：路径分析图层模块。创建路径分析模型，并通过运行模型，实现查找一条按照预定顺序访问一组停靠点的最快路径，实验 4 中的查找最近的消防站，实验 6 中的查找连接巴黎市 21 家商店的最快捷的送货路径。打开路径分析图层后，然后创建最近设施点分析图层，先加载所有的消防站的位置，加载事件点位置，设置设施点的分析指定参数，用网络分析工具求解。如果有额外的约束属性执行网络分析，可以进行设置，约束属性分为禁止、避免（低，中，高）和优先（低，中，高）三类，其中低、中、高代表避免和优先考虑的级别。比如为了避开收费公路，如何设置约束属性。

模块三：车辆配送 VRP 模块。通过车辆配送，可以实现为配送公司的车队找出将货物从配送中心运送到 25 家杂货店的最佳路径。其中每家商店对于货物的需求量都不尽相同，而且每辆卡车载货能力也各有限制。可以实现目标是为每辆卡车分配一组所要服务的商店，并确定送货的顺序，将运输成本控制在最低。在此基础上，如果将停靠点进行关联，从而使车辆能够将乘客送往正确的目的地。例如将乘客接送到指定的医院进行看病的线路优化。

模块四：位置分配分析模块。通过创建位置分配图层，可以实现为连锁零售店选择可以获得最大业务量的商店位置。主要目标是将商店选址在人口集中地区附近，因为这种区域对商店的需求量较大。可以通过不同的问题类型来执行该位置分配的分析：最大化人流、最大化市场份额和目标市场份额。

通过四个模块的设置和操作练习，学生基本掌握了网络分析在地理学中的应用。查找最短路径问题、选址问题、配送问题是网络分析法中最核心的方法。不仅让学生掌握了模型，还学会了如何解决具体问题。

三、课程的探索

这门课是第一次开设，通过课堂上的表现可以看出学生们很有热情，学生喜欢动手操作，相对理解能力而言，学生的动手能力也比较强，因此这门实践课开的很有必要。同学们有所得，而且是学会了如何用，实现了教学目标和履行了专业的培养方案。但是也存在很多问题，主要有：①学生不喜欢理论模型部分的讲解，觉得枯燥抽象难以理解。因此如何生动的讲解模型是课程设计的重点。②除了这些优化类的网络分析法，还有很多其他的分析方法，比如图的指标刻画、结构特征，如何将这些方法真正地应用在地理问题上，是需要探索和解决的问题。笔者希望通过自己的科研探索，能够更好地开创一些新的网络分析方法，并将它们应用在地理学中。

这门课的开设也给笔者带来了很大的收获，通过 Arcgis 软件中 Network Analyst 模块的使用，更深刻地了解了地理学中的问题，特别是属性设置，是数学模型中比较少体现的。也督促笔者更进一步地进行科研探索，更好地将科研与教学相结合，为向学生传授前沿的科学知识和方法而努力。

 参考资料

［1］田永中，徐永进，等. 地理信息系统基础与实验教程［M］. 北京：科学出版社，2014.

［2］俎云霄，吕玉琴. 网络分析与综合［M］. 北京：机械工业出版社，2007.

第四部分　学生评教篇

课程改革：地方院校本科生能力提升的模式与路径

张政东❶

【摘　要】本人从 2013 年 9 月开始进入北京联合大学应用文理学院学习至 2017 年 7 月毕业。经过 4 年本科阶段的学习，收获颇丰，从一个懵懂的农村少年，逐渐成长为一个拥有坚定目标、锐意进取的青年。我时常思考，大学四年的教育想传递给我们什么？又让我学会了什么？本篇文章对我自身以及周围同学在文理学院城市系的 4 年学习经历进行梳理，并希望借此对文理学院以及城市系的本科教学模式改革成效提供参考。

【关键词】人文地理与城乡规划；培养方案；教育

一、初进学校，教学改革的切身体验者

2012 年，根据教育部《普通高等学校本科专业目录（2012）》的新规定，资源环境与城乡规划管理专业名称改为"人文地理与城乡规划"。因此，学校为更加精准地抓住新时期下的专业内涵，2013 年对专业培养方案做出了较大修改，将专业方向由原来的"房地产开发与管理方向与土地利用规划与管理方向"调整为"城乡规划与设计、土地利用与房地产开发"。主干学科也由原来的地理学、城乡规划学、管理学缩减为地理学和城乡规划学。专业核心课程变更为城乡土地利用规划、城市规划原理、建筑学基础。从课程设置看，两个专业方向依旧是各有五门限选课程，规划方向限选课为区域分析与规划、居住区规划、城市设计、景观设计、场地设计；土地与房地产方向的限选课为城市经济学、土地评价与管理、房地产开发、房地产策划、房地产法规。

包括笔者在内，绝大部分理科背景的同学与少数文科背景的同学在大二

---

❶　张政东，男，北京联合大学应用文理学院人文地理与城乡规划专业 2016 届本科毕业生。现为北京大学建筑与景观设计学院景观设计专业硕士研究生。

选择了城乡规划设计方向，从总体来说，选择规划设计方向的同学多于房地产方向的同学。

（一）专业方向的灵活选择避免了枯燥学习

本专业在招生时文理兼收，比例大约在各一半左右。在大一上课时，基本学的都是地理学知识，如人文地理、自然地理、城市地理和经济地理。很多同学特别是理科背景同学感到非常困惑，因为这些东西似乎和我们高中学习和擅长的东西有较大的差别，而随着课程的深入，开始出现画图的一些工科课程，有些文科背景的同学也开始慢慢变得吃力。有很多大学生在大学里选了不喜欢的专业，或者不擅长不感兴趣的专业使得整个大学生涯都难以获得收获。但是学院在大二时给予我们两个学习方向的选择很好地解决了这一问题。具有理科思维的同学更加喜欢城乡规划与设计方向，具有文科背景的同学则更能适应土地利用与房地产开发的课程学习。学生能够根据自身情况灵活地选择专业学习方向，同时选修课程的设计让同学们的学习更具针对性。从笔者和周围的同学学习的情况来看，这种方案取得了较好的效果。

（二）综合课程积累广泛的知识储备，特色课程激发学习兴趣

刚入大学时初到一个新环境里，同学们都非常迷茫，为此学校在大一时就设置了职业发展指导课，在大家迷茫时给予大家在学习和以后发展上的指导，让我们在学习和以后职业方向上有了初步规划。

大二进入专业课学习之后，通过专业课的学习，笔者对人文地理与城乡规划这个专业有了更清晰的认识。我所选择的城乡规划方向整个课程涉及地理、规划、土木工程、建筑、景观等。涉及学科广，能够让不同的同学都能找到自己的兴趣所在，同时拥有广泛的学科背景知识。笔者和班上5位同学在陈媛媛老师景观设计课上对这门学科产生了兴趣，之后开始在景观设计上不断探索，并有了进一步深造的想法。也正是以兴趣作为基础和动力，笔者才能在经历失败后坚持了下来。还有的同学在规划课上对规划产生兴趣，之后往这方面努力，最后收获很多。

毕业一年多，更加深刻地体会到，拥有广泛的学科知识背景让我们面对复杂问题时更加游刃有余，可以用多种思路去解决问题，而这一切都得益于本科的课程学习。

（三）软件课程的学习成为工作学习、处理问题的利器

四年学习生涯中，我们一共学习了 CAD、GIS、ENVI、3DMAX、PS 几款专业应用软件，这些软件的学习几乎能够为我们之后的学习研究和工作提供有力的技术支持。虽然因为时间较短教授不够深入，但是足够应对大部分实际需要。

在今天的规划行业，面对错综复杂的地理信息，掌握 GIS 这门软件无疑是非常重要的，GIS 也是专业的核心软件。而 CAD、3DMAX、PS 这几款软件则是绘图的必备工具。

（四）专业课程与实习，学以致用

在专业课上，通过区域规划、城市设计、景观设计等课程的学习，我们在手绘画图水平上有了极大提高，为成为规划设计师打下了基础。除了理论课程，学校每年都会安排专业实习，在实习过程中我们不仅仅是在专业知识上有所提升，更是大大加强了我们的实践能力。

大一烟台地质考察专业实习至今令笔者难忘，城市系的同学在熊老师、董老师的带领下，展开了为期一周多的地质考察，在这个过程中，同学们亲眼看到曾经在书本上看到各种地理事物，对地理知识学习有了更深刻的认识，也增强了学习兴趣。

大二我们在门头沟进行地理测绘实习，这是完全落地的项目实习，同学们完整地经历了规划测绘项目的实施过程，实践能力得到大幅提升。大三时在天通苑调研实习，同学们在炎热的天气下完成了为期一周的专业问卷调研，在问卷访谈、规划资料收集方面的能力得到了锻炼。

在专业课的教授中，老师们一直秉持学以致用的教学态度，将理论与实际紧密结合，教学成果显著。

二、只有终身学习才能不断进步

相较于高中，大学为我们提供了更为广阔的平台，我们遇到了很多更加优秀的人，而如何使自己变得优秀，无疑只有不断地学习，不断地完善自我。而要想变得更加优秀，有目的的自发学习，是最有效率的方式。

记得刚入大学时，老师就对我们说："你们的未来还很长，但是四年很短，希望大家珍惜时光，千万不要混混沌沌地就过了大学生涯，要多看书，

多尝试，要努力克服困难，最重要的是，永远不要沉迷当下，永远不要停止学习。"回首四年本科生涯，越发觉得老师说得有道理，也很庆幸，笔者周围的大部分同学都没有虚度光阴，大家都不断学习，提升自我。有同学因为喜欢金融，于是在大二时，修了金融的双学位，毕业后因此找到了一份较好的工作；有同学喜欢历史，于是通过学院路共同体到学院路其他高校听历史课，然后萌发了考研深造的想法；还有同学梦想进入北京大学学习，于是大学四年利用课余时间去北大听讲座，参加活动，最终成功考研进入北京大学学习。这些例子都告诉我们，只有不断努力学习，补足自己的短板，才能获得自身的进步。

三、坚持、包容与忍耐

学校四年的学习与生活中，笔者遇见了各种各样的人和事，不同地区、不同民族、不同宗教、不同家庭背景的人汇聚在这里，各种各样的思想发生碰撞，在这种环境中，只有学会思想包容，才能吸收他人长处并为己所用。

而失败在所难免，英语四、六级考试屡次失败，比赛失败，考研失败。但笔者从未退却，因为笔者从一次次失败中看到自己的进步，黎明前的黑暗永远是最难熬的，但是只要稍加忍耐，咬牙坚持，就能看见曙光。

四、结语

回顾四年的本科学习生活，学校的教育教会笔者的不仅仅是专业技能，更为重要的是思想上的升华。学会坚持，包容与忍耐；学会不断完善自我；学会如何让自己变得更加优秀，也如"学以致用"的校训所讲，知识容易获得，而如何应用知识才是最为根本的东西。

地方院校本科生能力提升的探索与实践

——以母校人文地理与城乡规划专业为例

文英姿❶

【摘 要】地方院校主要由所在地区部委直接设立的，并主要服务于地方企事业单位。因此，地方院校本科生培养应立足于区域经济发展要求，以培养高素质的应用型创新人才为主。自建系以来，北京联合大学应用文理学院城市科学系根据社会发展的现实需要，不断调整培养方案，以期提升本科生能力。本文根据笔者 2012—2016 年在校期间的求学经历，对母校人文地理与城乡规划专业在本科生能力提升领域的探索与实践进行回顾与梳理，并根据新时期新型城镇化对人才需求的新形势及相关经验提出自己的拙见。

【关键词】地方院校；人文地理与城乡规划；本科生能力；π 型人才

地方院校是省（市、自治区、直辖市、特别行政区）及以下政府主管的高校，主要由地方投资、地方管理；办在地方并服务地方，它与地方经济建设和社会发展有着天然的联系。[1]作为我国高等教育体系的一个重要组成部分，地方院校以服务地方区域经济和社会发展为目标，着力为地方培养创新型高素质人才。北京联合大学自 1978 年创立之初，不忘初心，牢记使命，践行"学以致用"的校训，砥砺前行。目前，学校已形成以本科教育为主，研究生教育、高职教育、继续教育和留学生教育协调发展的人才培养体系，是北京市重点建设的应用型人才培养基地，也是北京市规模最大的高校之一。其中，应用文理学院城市科学系发轫于原北京大学分校地理系（现城市与环境学院），注重文理交叉，教学与科研实践并重。自建系以来，城市科学系一直致力于为北京市城市建设与发展服务，为北京城乡发展输送了大批应用型

---

❶ 文英姿，女，北京联合大学应用文理学院人文地理与城乡规划专业 2016 届毕业生，现为华东师范大学在读硕士研究生，中国大学 MOOC《人文地理学》助教。

人才。当前，处于经济社会转型期的北京城市空间结构发育还不成熟，由此产生的职住分离、交通拥挤、通勤受阻和结构失衡等"大城市病"层出不穷，生态环境日益恶化，京津冀地区城镇体系发展失衡，区域与城乡发展差距持续扩大，为此，如何建设集约高效的生产空间、宜居适度的生活空间、山清水秀的生态空间，进而推动京津冀协同发展，对地方院校人才培养提出了新的要求。可见，重新审视地方院校对本科生能力提升的路径对适应新时期新形势下地方的人才需求具有重要的意义。笔者为北京联合大学应用文理学院资源环境与城乡规划管理（现已更名为"人文地理与城乡规划"，下文均使用"人文地理与城乡规划"）专业2016届毕业生，现就本科四年期间母校对本科生能力培养进行初步的思考与探索，希冀能对母校推进本科生能力提升等工作有所裨益。

本文主要从课程教学、野外实习教学、学科环境、学科竞赛及就业实践五个方面展开。

一、课程教学

在本科四年的专业教学中，城市科学系注重提升本科生"城市与区域调研能力、项目区位分析能力、制图识图能力和空间分析能力"等四大核心能力。为实现本科生四大核心能力的提升，夯实其专业知识基础，教研团队在教学内容设置和教学形式的安排等方面进行了合理的设计。具体而言，教学内容安排不仅包含了扎实的地理学和城乡规划学基础理论与实务等专门知识，同时，通过房屋建筑学、居住区规划设计、施工识图、景观设计等课程的教学和课堂实训，强化了本科生识图和手绘制图的能力。另外，为适应大数据时代，城市信息化、数字城市、智慧城市等发展趋势，系里开设了计量地理学、地理信息系统、计算机辅助制图、遥感图像数据处理、3D max设计与应用等课程，以期培养学生运用计算机熟练处理数据的能力。

就教学形式而言，一方面，城市科学系始终坚持"学以致用"的校训，走"政产学研用"相结合的道路，注重理论与实践相结合。教学从实际问题出发，通过具体案例对晦涩的专业理论进行阐释，并引导学生对现实问题进行批判性、综合性分析。例如，在人口大量涌入北京、水资源短缺等人地矛盾日益突出的新形势下，展开对人文地理学"人地关系"的讨论；而经济地理学则基于本科生关注的企业等经济主体区位选择、金融服务活动等焦点问题逐步深入。另一方面，为更好地发挥本科生的主观能动性，专任教师尤其注重小组讨论。例如：在城市要素调研方法与实务课程中，教师以小组"课堂讨论＋课外调研＋汇报展示"的形式展开，不仅有利于提升本科生学习研究的兴趣，进而深入到自己感兴趣的城市要素调研的实践中，而且能让本科生在讨论和学术交流中感受小组学习和团队研究的意义。特别是，通过指导教师的专业点评，本科生讨论的质量逐步提高，这有助于培养本科生发现问题，并尝试在老师的指导下，从更为专业的角度分析问题、解决问题。同时，多媒体展示可以帮助本科生更为直观地理解相关知识，特别是城市规划、居住区规划设计、环境景观规划设计、地理信息系统应用、遥感图像数据处理等应用性较强的课程。

二、野外教学实习

地理学的特性决定了野外教学实习是相关专业本科生教学不可或缺的环节，更是提升地理专业本科生能力的重要内容。目前，就全国各高校地理专业野外实习的教学内容而言，大多集中在自然地理学方面，人文地理学教学实习较为薄弱[2]。在此背景下，针对人文地理与城乡规划专业本科生在不同学年对专业知识的认知和积累状况，城市科学系教研团队设计出一套"递进式"的教学实习体系，帮助学生循序渐进地提升将专业理论知识转化为实践应用的能力。为培养本科生的团队意识，实习还要求学生完成个人实习任务（实习报告的撰写）和小组实习任务（小组汇报的展示）。以笔者自身为例，大一暑期跟随熊黑钢教授、董恒年副教授等专任教师深入山东烟台，进行"城市与区域综合实习"，为引导本科生学会采集第一手资料，实习还安排了对烟台海岸地貌、海岛农家乐、旅游开发、葡萄酒产业及城市商业街区现状的实地调查。此次野外实习，不仅加深了同学们对人地关系地域系统以及地理学综合性、社会性、区域性等学科特性的认知，同时，帮助学生初步掌握了人文地理研究和野外工作的基本方法；大二暑期注重"城市要素基础调研"，通过学院文科中心的跨学科课题平台，笔者参与到历史系张俊娜老师"北京海淀地区全新世以来的古环境演变研究"的课题中，主要负责课题部分与地理学科相交叉的地理环境分析。此外，也有多数同学选择参与到系里教师承担的课题或项目，着重对实地调查、问卷和访谈能力的培养；大三"城乡规划管理高级调研"是对大一和大二城市要素基础调研的延续和提升。部分同学选择去政府、规划院、房地产企业等实习基地进行针对性的实习，着力提高自身方案设计、分析问题、处理问题的能力。少数致力于科研的学生也可争取机会，以助教的身份参与到大二本科生的实习教学中。另外，为拓展本科生视野，并为其提供更为广阔的学习交流平台，城市科学系致力于推进国际合作和交流工作。目前，城市科学系师生先后与美国北伊利诺伊州立大学（Northern Illinois University）、美国佛罗里达大学（University of Florida）展开联合实习，部分本科生得以深入接触与体验在世界一流大学的学习与生活。

三、学科环境

提升本科生能力需要软硬兼具的学科环境来保障。首先，为适应新时代对人文地理与城乡规划本科生能力的要求，城市科学系努力创造优越的学科环境。在学科硬环境的建设上，系里开设了城市与区域专题制图室、城市要素分析实验室、城乡规划管理综合实验室和三维仿真实验室，同时，还配置了一台 3D 打印机。3D 打印技术的应用不仅使得 2D 地图变得更为直观，为科学研究提供便利，更在培养本科生动手能力的基础上，有助于提升其创新能力。

其次，学术环境等软环境营造一直是城市科学系学科环境建设的重点。良好的学术氛围是启发高校本科生思考、观点碰撞，产生学术灵感，进而提高学术水平的重要保障。为此，城市科学系通过成立人居研究中心、城市与区域发展研究所等科研机构，搭建周成虎院士工作站，邀请国内外知名学者、教授进行学术报告，承办学术会议等途径帮助学生了解学科前沿，建立全球视角，并保持对学术的敏感度，进而营造浓郁的学术氛围。值得一提的是，2014 年 11 月，城市科学系在国家外专局 2014 年度教科文卫重点引智项目的资助下邀请美国肯塔基大学（University of Kentucky）地理系著名人文地理学家 Stanley D. Brunn 教授访华，为师生进行为期一个月的讲学，重点开设了每周 12 学时的全英文课程《人文地理学（Human Geography）》。笔者有幸参与到这次短期教学中，印象较为深刻的是，Brunn 教授鼓励大家从文化地理的地方、场所、归属、认同的角度考察北京，研究北京，这不仅让大家感受到地理学文化转向等前沿研究，更启发大家发现日常生活背后的地理故事。比如，其中有个小组在对语言专题进行研究的时候，谈到了不同语言文化背景的人在特定场合差异性的礼仪行为。Brunn 则从学生对礼仪行为的讨论出发，启发学生尝试从地理学的角度思考不同主体的身体实践及地方芭蕾的形成。虽然课程安排非常紧凑，小组汇报每周一次，而且全英文教学，任务相当繁重，但同学们不断挑战自己，激发潜能，收获颇丰。在这次短期教学中，国外教授以学生自主学习、探究性学习为主导，理论知识讲授为辅，鼓励学生相互讨论、争辩，并鼓励大家勇于质疑，勤于思考和总结，这有利于本科生批判性、创新性思维的形成。

四、学科竞赛

近代地理学开山大师洪堡最早提出"教学和科研相融合"的原则，强调通过一种批判性、创造性的复杂思维活动，最终实现教育的真正目标。[3]可以说，教学与科研相结合，以知识传播、生产和应用为中心，旨在培养具有批判性思辨能力且综合能力较强的人才，在社会进步、经济发展、科技创新、文化繁荣等方面能发挥重要作用。[4]一直以来，城市科学系借助各类学科竞赛、教师科研项目、学术会议等平台，带动专业建设，鼓励并支持本科生参与学科竞赛，锻炼其科研能力、团队协作以及学术交流等能力，助推本科生科研实践综合能力的提升。比如，系里每年都会有本科生团队参与 SuperMap 杯全国高校 GIS 大赛、中国高校地理科学展示大赛等。其中，自 2015 年第一届中国高校地理科学展示大赛举办以来，我校城市科学系一直坚持组织本科生参加该项竞赛。在指导老师的引导下，参赛团队运用地理学理论、知识和方法，紧密结合北京自然、人文地理现象进行实地调查，分析研究和展示，全面提升了本科生理论联系实际的能力，并在很大程度上提高了其专业素养与创新能力，突出了城市科学系人文地理与城乡规划国家级特色专业建设和地理学科作为城市型、应用型特色学科专业的特点。另外，几乎每个专任教师每年都会依托已有的国家或省部级基金/项目，结合本科生的研究兴趣，指导至少 1 个"启明星"科研立项。可以说，科研立项较好地激发了本科生探究真理的好奇心，并使其在科研探索的过程中发现自我、完善自我。笔者曾与三名同学一起在张景秋教授和杜姗姗副教授的指导下，以"北京城市绿道建设现状与问题——木樨地至白纸坊桥典型地段分析"为题，进行"启明星"立项的科研实践，这为笔者在硕士研究生阶段进行独立研究奠定了坚实的基础。

五、就业实践

地方院校大多数靠地方财政供养，由地方行政部门划拨经费，因此，地方本科院校肩负着更好地为地方经济社会发展服务的使命，承担着为地方经济社会发展提供智力和技术支持的社会责任。而对地方的企事业单位而言，其主要的人才来源和创新力量大多源于所在地区的地方院校。因此，城市科学系主要依托并服务于地方经济建设，先后与北京京师天成旅游规划设计咨询有限公司、北京办法商道信息科技有限公司、北京珠江房地产开发有限公司、北京朝阳大地房地产经纪有限责任公司、北京思源房地产经纪公司、安信行物业管理公司等企业签署了校外实践教学基地建设合作协议。在对本科生培养的计划中，本科四年级"城乡规划管理综合实习"就与具体用人企事业单位挂钩，实战性强，是人文地理与城乡规划专业实施产学研结合、实现应用性科研与教学结合的重要环节。该模块打通校企、产学研各个环节，鼓励本科生积极参与地方经济建设。在实习的过程中，本科生得以深入到企事业单位内部，不仅能获得校内导师的教诲，还可以接受同事和前辈的指导。通过在工作岗位的实战工作，有利于帮助学生较为全面地认识相关岗位及其需要具备的能力和素养，进而帮助毕业班本科生尽早适应未来的工作岗位。

六、总结与反思

总的看来，地方院校在促进地方经济建设和社会可持续发展中具有不可替代的作用，不仅能间接影响地方经济发展和社会进步[5]，更关乎着为实现中华民族伟大复兴和创新型国家建设提供人才保障和智力支持。因此，地方院校本科生能力的培养与提升应结合地方经济发

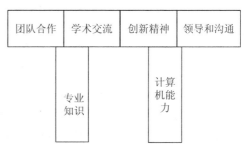

图1　城市科学系"π型人才"培养示意图

展的现状和趋势，而注重提升本科生能力就抓住了这一问题的牛鼻子。在梳理母校人文地理与城乡规划专业本科生能力培养的探索与实践中，笔者发现，在本科四年的学习生活中，母校通过较为完备的课程教学和野外实习体系，良好的学科环境以及丰富的学科竞赛，着力培养复合型、发展型、创新型以及竞合型的"π型人才"（见图1）。其中，本科生专业知识和计算机（数据/信息处理）能力是系里对本科生进行重点培养的两项基本能力，这"两把刷子"能帮助学生在当下高度竞争的信息时代站稳脚。而"π"字结构上的一横，即团队合作、学术交流、创新精神以及领导和沟通等能力，则是在知识应用和学习过程中，系里提升本科生能力的主要着力点，这些能力将有助于

本科生将基础能力（专业知识和计算机能力）融会应用。

不过，在对本科生能力提升的实践中，笔者认为还有两个方面可以尝试改进：一是部分学生一定程度上仍存在依赖教师、满足应试教育、阅读文献的主动性不够，害怕创新型作业和野外实践项目等问题。学生在阅读文献的过程中，可能会就如何选题等进行了初步思考，这对他们养成研究意识、研究习惯有好处，也将有利于日后工作学习中的公文、报告、论文等材料的写作。因此，教师需要重视本科生文献查找、阅读和引用能力。二是针对本科生科研意识和能力较弱的问题，建议可以搭建人文地理与城乡规划专业本科生和研究生互助学习交流平台。比如，系学生会可以尝试组织研究生与本科生的"学术面对面""读书会"等学术交流活动。具体来说，可在每周某一时段安排1~2个研究生进行近期文献阅读或是团队研究成果进展的分享，并组织研究生和本科生一起参与讨论交流，每场活动可适当安排一个点评老师。这不仅有利于督促研究生的科研进展，更有助于让本科生在轻松的环境中接触科研、感受科研、尝试科研，最终实现科研能力的提升。

致谢：回望过去，山河故人，感谢母校给予的培养与教育，感谢我的"第二故乡"城市科学系，感谢循循善诱、桃李争妍的恩师以及同窗亲人般的关爱和包容。书不成字，纸短情长。值此校庆40周年，愿母校桃李芬芳，永远年轻，永远朝气蓬勃。

参考资料

[1] 吴福儿. 地方院校重点学科建设现状分析及其策略 [J]. 高等农业教育, 2006 (09): 54-56.

[2] 卢松, 陆林, 徐茗. 高等学校地理专业人文地理学野外实习课程建设研究——兼论芜湖市实习基地的建立 [J]. 安徽师范大学学报（自然科学版）, 2004 (02): 224-227.

[3] 周川. 从洪堡到博耶：高校科研观的转变 [J]. 教育研究, 2005 (06): 26-30, 61.

[4] 王战军. 什么是研究型大学——中国研究型大学建设基本问题研究（一）[J]. 学位与研究生教育, 2003 (01): 9-11.

[5] 黄忠侨. 地方本科院校办学特色研究 [J]. 黑龙江教育（高教研究与评估）, 2013 (12): 55-57.

地方院校本科生能力提升道路的四年推进

赵秸米❶

【摘　要】北京联合大学应用文理学院的人文地理与城乡规划专业作为一门学科交叉融合的地理学新更名专业，其专业发展立足应用，具有明确清晰的专业建设任务，积极探索学科交叉融合的专业建设措施，配备优秀的师资教育资源，努力形成专业创新人才培养的实践模式。对此，本文从课程体系、科研条件、实践活动等方面对专业人才培养过程进行简单的介绍。

【关键词】人文地理与城乡规划；学科交叉；人才培养；创新

人文地理与城乡规划专业是在原北京大学分校综合地理学专业基础上发展起来的一个应用型理科专业。主要学习资源环境与城镇规划、土地管理以及地理地质等相关知识。北京联合大学应用文理学院城市科学系立足于社会需求，结合自身学科背景与优势，优选确定人文地理与城乡规划作为重点发展学科，构建以课业规划、学业规划、职业规划为核心的"三规合一、四年演进"的人才培养模式，课程体系设置以学生学习效果为导向，注重理论与实践相结合，强化政产学研用相结合的项目主导式实践路径，通过递进式、模块化市级精品实践课程体系，培养学生在城乡规划与设计、土地利用与房地产开发方向的实践能力。

一、教学

人文地理与城乡规划专业四年的大学课程教学结合理论与实践，教学方式多样化。课程内容包括自然地理学、人文地理学、经济地理学、城市地理学、地图学、地理信息系统、城市规划原理、土地利用规划、区域分析与规划、居住区规划、城市设计、土地管理、房地产金融、快速设计与表现、地

---

❶　赵秸米，女，北京联合大学应用文理学院人文地理与城乡规划专业 2018 届毕业生，现于香港中文大学攻读硕士学位。

块分析与房地产项目策划等。大一主要以理论课程为基础，课堂讲解内容通俗易懂，老师会以北京地区或者是世界各地具有代表性的案例进行分析，相关理论与时俱进，帮助理解的同时增加趣味性。大二课程安排涉及更细化的区域分析，例如通过学习地理相关软件技术 ArcGIS、CAD、遥感等进行具体问题具体分析，以及学习建筑学相关基础并应用于实际案例进行规划设计，图 1 即是学生根据所在学校做的设计。通过大二阶段的课程学习，同学们不仅可以学会使用计算机分析软件对地理要素进行分析处理，也逐渐开始合作分析、规划、处理实际问题。大三大四阶段同学们可自行选择土地管理或者城乡规划方向。土地管理方向课程内容包括房地产相关理论知识，同学们可以学到如何完成一项房地产项目的开发策划、如何解决开发过程中的问题等，通过学习并应用相关知识，可以对房地产行业有一个全面的认识。城乡规划方向的课程内容包括城市的规划设计、景观设计等，同学们可以学到如何运用理论知识规划涉及各项地理要素的空间分布，同时解决可能出现的问题等。

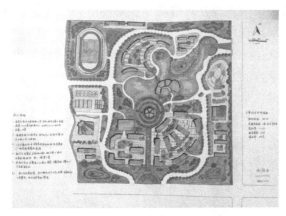

图 1　学生作业

对于课堂中的教学方式，人文地理与城乡规划专业采用多样化的教学，课堂中会采用小组讨论、翻转课堂等形式，有时会邀请国内外的知名学者教授进行授课或者经验分享。课程作业大多采用小组完成的形式（见图 2），培养了学生的团队协作能力。寒暑假会安排短期的调研或者实习活动（见图 3），另外还有国外的交换学习机会，丰富的课程形式让理论知识得到充分的应用。

通过课程学习，学生可以掌握人文地理与城乡规划的基本理论、基本知识和基本技能，了解人文地理学的理论与前沿发展、应用前景，了解相近专业如城市规划、环境科学和管理科学的一般原理和方法，了解城市规划、可持续发展战略等有关国家政策和法规，了解城乡规划的理论前沿、应用前景和最新发展，掌握文献检索及运用现代信息技术获得相关信息的基本方法，具有分析、归纳、整理相关数据和撰写论文的能力。

图2　小组讨论　　　　　　　　图3　介绍地块项目任务

二、科研

人文地理与城乡规划专业的科研活动主要以激发学生的自主能动性为主。例如，课堂上老师采用多种方式推动学生培养地理思维，设置"启明星"项目，支持学生参加地理展示大赛、各项学术竞赛，承办时空地理会议等学术会议（见图4），在学校中营造了浓郁的学术氛围，促进学生的自主学习与自我完善，培养了学生的专业素养、实践能力和社会责任意识。

通过科研锻炼，学生可以更好地掌握并应用人文地理、城乡规划等方面的研究和应用技术，熟练运用遥感、GIS 空间分析技术的应用能力和建筑与规划制图的操作能力，同时可以有机会接受良好的科学思维和科学方法的基本训练，获得创新意识、协同攻关能力及科学研究的能力。

图4　调研汇报

三、野外实习/专业实践

城市系与数十家北京内外企事业单位共建校外实习基地，开设了"城市与区域野外综合实习、城乡要素调查与分析、城乡规划设计与展示、城乡规划管理综合应用"四大实践模块,以本科生"启明星"科研立项、教师科研项目和各类学科竞赛为平台,强化学生理论联系实际的应用能力,寒暑假系里会安排丰富的国内外实习活动。大一自然地理实习,通过野外观察实践了解各项地理要素以及相关理论知识,见图5。大二城市地理实习,通过接触北京发展中的问题了解人地关系并了解其应用,见图6。此外学校还安排了暑期美国高校联合实习提升学生发现并解决问题的能力。

图5 野外调研　　　　图6 城市要素实习调研

四、社会服务

学校还为学生提供对口企业的实习机会,以及多家企业的宣讲会,为同学们提供丰富的就业实习平台。

通过实习实践活动与社会服务等多项活动,可以培养学生丰富的人文科学素养、健全的人格和健康的身心,同时可以提高学生的调查研究能力与决策能力、组织管理能力、口头与文字表达能力、组织管理能力、沟通能力、环境适应能力和团队合作能力。

人文地理与城乡规划专业培养了具备人文地理与城乡规划的基本理论、知识,掌握空间分析技术与技能,并运用地理学和城乡规划的基本理论,掌握城乡规划基本知识和基本技能,立足于宏观、中观区域规划和中小城镇规划设计和管理,"通地理、精规划、强实践"的高素质本科应用型人才。学生毕业后能在政府决策部门、企事业单位和科研院所从事土地开发、城乡建设与区域经济发展规划等相关工作。就笔者个人来说,通过大学四年的学习,笔者学会的不仅仅是理论知识,还有笔者的各项综合能力如文献阅读能力、分析能力以及计算机软件应用能力等。同时,各项学术会议开拓了笔者的眼界,学术竞赛和项目锻炼了笔者的能力,浓郁的学术氛围促使笔者提升了自主学习能力,课堂或者课后的研究分享也都让笔者受益匪浅。

本科生导师制下的科研能力提升探索实践[1]

余煌[2]

【摘　要】提升本科生学术能力是现阶段我国高等教育的重要任务之一，而本科生导师制又是实现这一任务的主要手段。从分析本科生导师制的含义、起源、意义及其在我国的发展入手，基于我系本科生导师制下学术能力提升的探索实践，然后指出在实施"本科生导师制"中仍存在些许问题，提出完善"本科生导师制"实施模式、贯彻4+3导师贯通式学生教育引导性管理模式、构建"导师—高年级—低年级"多层次科研指导体系等具体建议。

【关键词】本科生导师制；学术能力；科研培养

提升本科生学术能力是经济社会发展对高等教育人才质量提出的必然要求，高等教育的发展和育人环境的变化使得我国越来越多的高校开始推行本科生导师制。因院校的差异性与教育的复杂性，本科生导师制在推行过程中并未能很好地发挥其应有的作用。因此，本文探讨在本科生导师制推行的影响下，基于我系本科生导师制下学术能力提升的探索实践，指出在实施"本科生导师制"中仍存在些许问题，提出在本科生导师制下学术能力提升的具体建议，以期为后续相关理论研究和实践探索提供参考。

一、本科生导师制

（一）含义及起源

本科生导师制就是指经由指定导师个人或群体具体指导特定对象的个别化教育实践，促进个体不断创新发展的程序范型。本科生导师制（Undergraduate Tutorial System，UTS）起源于英国牛津大学、剑桥大学，由14世纪初创

---

❶ 本文是导师制下的本科生科研素养提升计划项目（KYSY2018LK06）的阶段性成果。
❷ 余煌（1998—），男，湖南省岳阳人，北京联合大学应用文理学院2015级人文地理与城乡规划专业本科生。

办"新学院"的温切斯特主教威廉威克姆所首创，是指在师生双向选择的前提下，由专业水平高、品学兼优的老师担任本科生的指导教师，对学生的学习、品德、生活以及心理进行个别指导的一种教学制度。[1]

（二）国内发展现状

我国部分高校已将"本科生导师制"投入试运行，但学校不同、具体的实施模式及过程也不尽相同，因此出现了不同的"本科生导师制"模式。费英勤、颜洽茂[2]将本科生导师制的类型分为全程本科生导师制、高年级本科生导师制、英才学生导师制和本科生年级导师制四种类型，认为我国高校实施本科生导师制应注意结合高校实际，选择不同类型的培养模式。

（三）实施意义

随着新时代的发展、科学技术的更新、思想观念的转变，传统的教学方法没有注意到本科生课堂教学的特点，难以激发学生的学习热情，不能发掘学生的特质潜力和专长塑造，教学工具、教学时间等教育资源利用效率低。[3]因此，有必要在传统授课的基础上进行尝试性突破，本科生导师制应时代发展需求推广开来。本科生导师制极大增加导师与学生面对面交流的机会，引导学生自主学习，培养学生在科研中独立思考和解决问题的能力。

二、本科生导师制下科研能力提升的探索实践

北京联合大学应用文理学院城市科学系长期以来坚持从学生需求出发，积极进行"本科生导师制"的改革与探索，取得了初步的成效。2013 年提出"关于实施本科生导师制的原则意见"，对导师配备、导师任职资格、导师职责、导师制学生入选资格、导师制考核及学生参与管理等方面做出详细规定，以学生为本，围绕育人展开，本科生导师主要从正面对学生开展"人生导航"和"专业指导"，要从专业角度实现对学生的深入引导，使学生能够根据专业知识结构和规律来安排学习，积极向上。在教师和学生之间建立"导学"关系，实现因材施教和个性化培养，有效地提高学生的综合素质、创新精神和实践能力，不断提升人才培养质量。该制度实施以来，增强了老师与学生间、不同年级学生间的交流和联系，提升了学生们的专业素养和科研能力，培养了学生的创新意识、科学精神和独立人格，取得了很好的实施效果。

北京联合大学应用文理学院城市科学系在本科生导师制下实施了提高本

科生科研能力的具体措施。

（一）导师—学生组会

城市科学系通过导师定期与学生召开组会的方式，向学生介绍学科发展前沿、专业发展方向、导师研究领域；传授学生专业相关知识、专业所需技能；了解学生课堂学习状况、课后复习进展、课余兴趣爱好。在导师和学生的不断交流中激发学生的科研兴趣，培养学生的科研素质，提高学生的科研能力。

（二）导师指导学生参加科研竞赛项目

城市科学系倡导学生组队参加科研竞赛项目，以学科竞赛带动专业建设，参赛选题紧密结合北京实践，以指导教师的科研项目作为学生参赛的选题来源，指导学生通过实地调查、分析研究，全面提升理论联系实际的能力。参赛队伍的人员选拔综合人文地理与规划专业、地理信息科学专业学生组合构成的特点，充分体现了地理学科的交叉融合优势。如自 2015 年以来一直坚持组队参加中国高校地理科学展示大赛，历年取得优异成绩；诸多老师指导学生参加"启明星"大学生科技创新项目等，通过划拨项目经费，让学生在导师的指导下通过选题、申报、立项、调研、分析、汇报，以及办理结项等，掌握科研流程，最重要的是通过调研、撰写研究报告等，提高科研能力。

（三）科研融入创新课堂

课堂教学是培养学生科研能力的重要途径。科研活动需要创新思维与创新方法，城市科学系每一门课的教师都将创新的思想有意识地贯穿于教学过程始终，在自觉引导学生学习书本知识的同时，促使其善于发现问题、思考问题、解决问题，提出新思想、新观点[4]；科研活动需要逻辑思维与口头表达，教师在授课过程中注重学生对专业知识的自我理解和科学表达，指导学生理清解决问题的思路，组织学生在课堂上将学习心得与研究成果以汇报形式展现，进一步提高学生表达能力；科研活动需要阅读能力与文字功底，城市科学系每一门课的教师在课程后期要求学生进行小论文（设计）写作实际训练，使学生从内容到形式完整地表达自己的学术思想，在写作过程中提高学生查阅文献和文字撰写能力。

如在专业核心课程《城市规划原理》中杜姗姗老师指导学生学会从日常

生活中观察城市、发现规划课题，设计成为规划调研题目，"调查—分析"的思路帮助学生学会将城市规划原理结合日常生活，并将城市规划原理应用到解决城市发展中存在的问题。指导学生以课程作业参加第一届、第二届"城市科学系第三届学生作品展暨第一届地理学科专业课程及竞赛作品评比"并获得较好成绩。

三、本科生导师制下学术能力提升的实践成效

北京联合大学应用文理学院城市科学系通过不断推进以上措施，逐渐形成了"科研—教学—竞赛"三位一体的本科生导师制，科研、教学、竞赛三者相互促进，在共同作用下实现了本科生学术能力的提升。笔者在大二期间通过专业核心课程《城市规划原理》有幸接触到城市科学系杜姗姗老师，随后参与杜姗姗老师的科研项目。在参与教师科研项目的过程中不断强化专业兴趣，深入了解学科发展前沿，对专业知识查缺补漏，逐步增强对专业技能的掌握；在老师的指导下学习文本撰写，申请多个科研竞赛项目并成功立项；在老师指导的科研项目基础上参加学术会议，笔者在2018年中国地理学大会"乡村振兴与城乡融合发展"分会场，以《乡村振兴战略下京西古道沿线乡村发展的策略与路径研究》做学术报告，得到与会专家和学者的一致肯定；在2018年"新蚁族杯"第四届中国高校地理科学展示大赛北方赛区选拔赛中，杜姗姗老师作为指导老师之一，笔者担任队长的人文地理队以"京西古道文化线路建构研究"为主题，在22个人文组参赛队伍中位居三甲，获得一等奖，见表1。

表1　本科期间主持的校级和院级科研项目

项目名称	项目编号	课题名称
"启明星"大学生科技创新项目（国家级）	201811417007	"文化+旅游"视角下西山永定河文化带乡村振兴策略研究——以门头沟古村落为例
应用文科综合实验教学中心创新性实验项目	无	乡村振兴战略下的京西古道村落主题开发研究
导师制下的本科生科研素养提升计划项目	KYSY2018LK06	乡村振兴战略下京西古道沿线乡村发展策略与路径研究

四、本科生导师制下学术能力提升的问题及建议

目前我系在实施"本科生导师制"中仍存在些许问题，影响了本科生学术能力提升的成效。主要表现在对"本科生导师制"培养理念的接受程度不高，部分导师缺少积极性，相对应的教学评价、监督、考核以及激励制度不完善等。故提出以下几点建议。

（一）完善"本科生导师制"实施模式

要想真正调动导师的积极性，必须将"本科生导师制"纳入到学校的教学管理与教学评价的制度建设中，通过建立相应的管理机制与相应的制度条例来规范导师制的运行，完善考核、评优制度，通过质量监控，及时发现导师制在运行中的问题，确保导师制运行的规范性、有序性、有效性[5]，并对深入贯彻"本科生导师制"的教师进行丰厚奖励。

（二）贯彻 4+3 导师贯通式学生教育引导性管理模式

北京联合大学应用文理学院自 2016 年开始招收考古学目录外文化遗产区域保护规划专业硕士研究生，自 2018 年开始招收地理学一级学科硕士研究生，2018 年开始在本科生导师制基础上实行"4+3 导师贯通式学生教育引导性管理模式"。本科生入学后根据老师们的研究方向和自己的专业爱好选择导师，本科 4 年参与导师的科研项目，本科毕业后考入本校研究生，继续跟随导师开展科研。该模式有助于促进导师与学生之间的相互了解，增进师生情谊，持久提升学生学术能力。

（三）构建"导师—高年级—低年级"多层次科研指导体系

导师选拔成绩优异的研究生或具备科研潜力的高年级本科生组成科研实验班，实行导师制，由导师针对每个学生的特点，因材施教，为学生制定相应的培养计划，让学生进入导师的科研工作室参与科研任务，以锻炼这部分学生的科研素质。再通过让接受过科研培训的高年级学生担任低年级学生的科研第二导师，在学习、生活等各个方面为低年级学生提供帮助和指导，既有效地解决了低年级学生的学习困惑，引导其接触科研活动，为学生学术能力的提升奠定基础，又提高了高年级学生的管理能力。

五、结语

本科生导师制是提升本科生学术能力的主要手段。在本科生导师制下，探索如何提高本科生的科研学术能力，是具有重要意义的研究。因院校的差异性与教育的复杂性，本科生导师制在推行过程中并未能很好地发挥其应有的作用。但完善"本科生导师制"实施模式、贯彻4+3导师贯通式学生教育引导性管理模式、构建"导师—高年级—低年级"多层次科研指导体系，是本科生导师制下提升本科生学术能力的有效做法。

参考资料

[1] 黄锁义，黎巧玲，林梦瑶，等. 以科研和竞赛为特色的导师制实践型教学 [J]. 实验室研究与探索，2015，34（10）：168-171，182.

[2] 费英勤，颜洽茂. 本科生导师制探析 [J]. 高等工程教育研究，2003（06）：24-26.

[3] 程中华，高崎，田燕，等. 积极创新课堂教学方法不断提升研究生教学质量 [J]. 中国电力教育，2012（01）：51，57.

[4] 姜长宝. 本科生科研能力培养的途径与方法探讨 [J]. 科技管理研究，2010，30（08）：152-154.

[5] 董卓宁，宋晓东，贾国柱. 高校"本科生导师制"培养模式的创新研究——基于北京航空航天大学经济管理学院的探索实践 [J]. 内蒙古师范大学学报（教育科学版），2013，26（05）：84-86.

4+3 导师贯通式学生教育引导性管理模式初探❶

周佳颖❷

【摘　要】本科导师制对应硕士导师制，4+3 导师贯通式学生教育引导性管理模式，将本科导师制与研究生培养相连接，贯通本硕导师贯通式的培养及管理模式，可以丰富本专业的办学层次，融合本科教育与硕士教育的理念，提升教学质量，增强学生的专业素质与综合素养。本文结合本科人文地理与城乡规划专业及硕士文化遗产区域保护规划专业的实践，对 4+3 导师贯通式学生教育引导性管理模式进行了初步研究与探索。

【关键词】"4+3" 导师贯通制；分段培养；管理模式；人文地理与城乡规划

北京联合大学应用文理学院城市科学系一直把培养应用型人才作为首要任务。自 2014 年设立文化遗产区域保护规划硕士点以来，城市科学系为培养科学研究、规划、咨询、管理及教育的高级专业人才，对研究生的培养方案及管理模式做了多方面的探索及调整。其中，4+3 导师贯通式学生教育引导性管理模式的实施在研究生的培养过程中取得了较好的成效，也为 2018 年新设立地理学一级学科的硕士招生奠定了良好的基础。

一、4+3 导师贯通式学生教育引导性管理模式的提出

育人是高等学校的根本任务，而培育创新型人才是实现国家繁荣、民族复兴的根本之路。习近平总书记强调，要深化教育改革，推进素质教育，创新教育方法，提高人才培养质量，努力形成有利于创新人才成长的育人环境。

❶　北京联合大学 2018 年度教育教学研究与改革委托项目："专业思政" 建设方案研究——人文地理与城乡规划管理专业（JJ2018Z012）的阶段性成果。

❷　周佳颖，女，北京联合大学应用文理学院 2016 届资源环境与城乡规划管理毕业生、2016 级文化遗产区域保护规划专业研究生。

而当前，随着高等院校的扩招，高等教育的大众化不断加强，也由于长期被动式的教育体制影响下，学生独立性与创造性明显不足。同时学生学习方向与目标不明确、学习兴趣不浓厚等问题也在这样的教育背景下相继出现。为了改变这样的现状，必须要加快教育体制的转型，建立新型的创新型人才培育与管理模式，创造良好的人才培养氛围，全面提高人才素质教育质量。

北京联合大学应用文理学院城市科学系一直以来把培育应用型人才作为首要任务，并在培养及管理人才模式上提出了新的想法。所谓 4+3 导师贯通式学生教育引导性管理模式，就是学生在本科期间实施导师制，在其考取本系的研究生后由同一导师进行培养及管理，实现学生本科及硕士期间的导师贯通式的分段培养及管理。在这样的管理模式下，学生本科期间的专业学习、竞赛、实践、毕业论文与研究生期间的研究内容及毕业论文一脉相承，同一导师贯通学生本硕期间的教育管理，使得学生更加明确自己未来的研究与就业方向。不仅节省了研究生入学后与导师的磨合时间，还可以提前了解并介入导师的研究课题及项目，节省教育资源，提高研究生的培养质量及效率。4+3 导师贯通式学生教育引导性管理模式的实施旨在因材施教，强化本硕学位阶段的衔接，充分挖掘学生的潜能，建立新型师生关系，培养应用型和创新型人才，是提高学生培养质量和学校整体办学水平的综合需要。

二、实施 4+3 导师贯通式学生教育引导性管理模式的意义

（一）有利于提高人才培养质量

4+3 导师贯通式学生教育引导性管理模式的实施便于导师在学生本科阶段就介入学生的培养过程，为有意愿就读本系硕士点的学生量身定制个性化的培养模式和方案，并由同一导师持续跟进学生的培养方案。一方面优化本科及硕士的教育资源，融合本科教育与硕士教育理念，在教学计划、培养方案、课程设置等方面实现一体化，打好专业教育基础，创新人才培养模式；另一方面又能从理论与实践相结合的角度入手，深入跟进学生的思想及学术动态，因材施教，培养学生的专业能力及综合素养，增强学生的社会适应能力，全面提高人才培养质量。

（二）有利于推动专业特色发展

北京联合大学应用文理学院城市科学系自建立以来，就定位在培养为北

京市城乡建设与发展服务的综合型、应用型人才，为北京城乡发展解决实际问题服务。本科专业设置有人文地理与城乡规划专业、地理信息科学专业，硕士点设有文化遗产区域保护规划（考古学目录外二级学科）及地理学（一级学科），其本、硕阶段在课程设置、培养目标、培养方案等方面具有循序渐进、一脉相承的特点。4+3 导师贯通式学生教育引导性管理模式的实施，能够充分利用城市科学系的教育资源，推动课程改革，进而促进专业教育改革，完善专业结构，强化专业内涵建设，培养一流应用型人才。

（三）有利于完善现代教育体系

4+3 导师贯通式学生教育引导性管理模式是现代教育体系的重要尝试，是传统本科教育与硕士研究生教育体系的衔接试点，是对现行高等教育体系的积极完善。尽管本科与研究生教育层次有所不同，但均为培养某方面的高级专业人才，是人才培养的两个不同阶段。因此，"本科＋研究生"由同一导师负责分段培养，推进专业人才教育，有利于明确不同阶段专业教育的目标及方向，丰富人才培养模式，提高办学质量，优化教育结构，实现各层次教育人才培养多赢的效果，完善现代教育体系。

三、4+3 导师贯通式学生教育引导性管理模式的初步实践

（一）知识培养与能力提升并重

在本科期间城市科学系重点培养学生掌握扎实的学科基础知识及专业基本理论知识，构建知识体系，培养学生"专业核心应用能力"。大学一二年级侧重于专业基础的奠定，三四年级则侧重于从知识转为实践，面向行业应用，将四年的理论学习与实践相结合，重点培养综合应用专业知识处理和解决实际问题的素质和能力。在本科就读期间，笔者曾担任两届城市科学系学生会副主席、学生党支部副书记及班级助理的职务，锻炼了组织沟通能力及处理各项事务的能力，提升了自身综合素质。2016 年笔者考入北京联合大学文化遗产区域保护规划专业硕士研究生，跟随张景秋教授进一步深入学习。在研究生就读期间，张景秋教授根据笔者的具体情况，制订了相应的培养方案，由于笔者本科毕业论文便是由张景秋教授指导完成，故而在研究生期间的主要研究方向也与本科毕业论文的研究一脉相承，节省了与导师之间的磨合时间，也极大地提高了学习效率。在研究生学习期间，除了继续基础知识的深

入学习之外，导师还通过开组会、担任助教、协办会议等方式对笔者的科研能力、分析能力及解决实际问题的能力进行锻炼及提升。

（二）培养过程与科研项目融合

在四年本科及三年硕士研究生学习期间，城市科学系重点培养学生的科研能力，把学生与导师科研项目适当挂钩，学生可以提前接触到导师研究领域的科研项目，引导导师和学生面向前沿学术领域开展研究。笔者于 2014 年开始凭借一定的电脑绘图能力，跟随张景秋教授参与规划项目，从本科至研究生阶段，共参与了近十余项科研项目，综合素质和能力得到了全方面的提高。

（三）课内学习与课外实践融合

在日常课内学习之余，城市科学系还在暑期开展野外实践活动，大一新生暑期赴烟台、秦皇岛等地开展为期一周的野外实践活动，大二及大三学生在北京市内开展野外调研活动，将课内学习与课外实践相结合，提高学生的综合素质。除此之外，北京联合大学设立各类创新项目并予以经费支持，鼓励学生走进社会，参与野外实践，开展原创性科学研究。笔者在本科期间申报了北京联合大学的"启明星"大学生科技创新项目，由张景秋教授指导完成，并顺利结题。同时，笔者还于 2015 年参加了第一届"中国高校地理科学展示大赛"，由张景秋教授带队，参赛作品顺利进入复赛并获得优胜奖。同时城市科学系还鼓励学生参与地理学领域的学术会议，鼓励学生提交论文及做学术报告，如参加中国地理学大会、中国城市地理学术年会、全国青年地理工作者学术研讨会等学术会议，并在实践中提升学生的科研和动手能力，拓宽视野。笔者曾多次参加专业领域的学术会议，跟随专业内的各位专家学者了解学术领域的最新动态，在张景秋教授的指导下撰写学术文章并投稿参加专业领域的学术研讨会，于 2018 年中国城市地理学术年会荣获优秀论文奖。

（四）国内与国际培养结合

北京联合大学与 20 多所院校开展了交流项目，每年选派优秀学生赴国外、境外进行交流。城市科学系每年邀请多名国外知名学者来我院开设课程及讲座，分享专业领域的国际前沿学术动态，笔者从本科到研究生参加了多场地理学领域的学术讲座，均由国外领域内知名教授进行全英文授课，了解到了国外最新学术动态，拓宽了学术视野。此外，城市科学系还与美国北伊利诺伊大学及佛罗里达大学的地理系合作，开展专业地理实习项目。笔者曾随城市系团队于2016年7月赴美国北伊利诺伊大学开展为期19天的专业实习项目，由其地理系的教授进行全英文授课，并辅以相关课外实践教学，课程内容主要包括芝加哥城市人文和自然环境专题讲座、芝加哥城市地理实习、GIS应用考察与实习、城市生态考察、英语和美国文化课程学习、文化交流等，既提升了专业素养，又拓宽了国际视野，提升了英语水平。

四、结语

4+3导师贯通式学生教育引导性管理模式是北京联合大学应用文理学院城市科学系的独特创新，能够实现本科和研究生教育的互补及衔接，为高校培养高素质复合应用型人才提供了新的培养及管理模式。通过该模式的初步实践，目前已取得了一定成效，不仅构建了新型师生关系，学生与导师的关系更加密切，大大缩短了研究生与导师之间的磨合期，同时学生的专业能力及综合素养较其他模式培养下的研究生有所提高。笔者在北京联合大学就读期间，获得国家奖学金、金隅奖学金、北京市优秀毕业生，并多次获得校级奖学金；在张景秋教授的指导与带领下，参加中国高校地理科学展示大赛以及学校的启明星项目，并取得一定的成果；在张景秋教授的指导下，积极参加学术会议并撰写学术文章，荣获优秀论文奖；还在本科期间提早参与到张景秋教授的项目中，充分发挥自己的电脑绘图能力，将自己所学的知识运用到实践中，提升了自己的学习能力及专业素养。笔者以个人经历为案例，证明了4+3导师贯通式学生教育引导性管理模式是一项有效的创新实践，提高了学生的综合素质及各方面能力，构建了新型师生关系，为人才培养提供了新的管理模式。

随着我国素质教育的发展以及高校教育改革的推进，这种全新的人才培养及管理模式作为我国高校教育体制下人才培养模式的创新实践，还需要在高校管理者、导师及学生的共同努力和奋斗下，才能创造出符合社会需要的高素质复合应用型人才。

从理科到工科的城市规划能力提升❶

楼佳飞❷

【摘　要】北京联合大学应用文理学院城市科学系自建立以来，一直以培养应用型人才为己任，通过完整的理论课程以及实践课程体系对学生进行专业化综合培养，本文通过对大学四年所接受的各类专业培养及能力提升教育的概述，展现出城市科学系对人才培养方面所做出的努力及重大贡献。

【关键词】城乡规划；知识基础；能力提升

北京联合大学应用文理学院城市科学系素来以培养应用型人才为己任，在人文地理与城乡规划专业在四年里给予了学生大量的优秀学习资源及实践机会，在拥有高专业素养的专业老师的耐心指导与认真教授下，通过专业的知识培养及进一步的能力提升，笔者也有幸成为一名城乡规划专业的研究生，完成了从理科到工科的转变。

一、知识培养

正所谓万丈高楼平地起，对于专业学习这一领域，再如何强调理论基础的重要性都不为过，北京联合大学应用文理学院城市科学系人文地理与城乡规划专业是在原北京大学分校综合地理学专业基础上发展起来的一个应用型理科专业，早在 2008 年被评定为北京市特色专业、国家级特色专业建设点，出于为首都北京的城市建设与发展服务这一教学定位，系里为学生配套了一套专业且综合的课程体系，包括各类理论知识为主的课程以及实践类的课程，

---

❶ 北京联合大学 2018 年度教育教学研究与改革委托项目：《城乡规划原理》课程思政建设研究与实践（JJ2018Z015）的阶段性成果；北京联合大学应用文理学院 2018 年度教育教学改革项目 "城市规划原理" 的阶段性成果。

❷ 楼佳飞，女，本科，北京联合大学应用文理学院 2018 届人文地理与城乡规划专业毕业生，现为浙江工业大学建筑工程学院 2018 级城乡规划学研究生。

以丰富的理论基础来支撑专业实践的开展，并在实践中不断深化对理论的认识。作为一个偏地理的规划专业，在本科期间，笔者接受了十分综合的基础知识教育，包括自然地理、人文地理、城市地理、经济地理等地理类的课程，通过理论知识的学习，我们对多层面的地理知识有一个系统性的了解与掌握；同时，还包括城市规划原理、城市设计、居住区规划、景观设计、建筑学基础等规划类课程，此类课程多结合设计作业，通过理论知识的传输，促进学生创新能力与设计能力的提高，将个人所学展示到各类规划设计作品中去，其中快题设计课程给予笔者十分深刻的印象，在指导老师的指点与帮助下，小组成员针对规划题目进行不断的资源挖掘与大脑风暴，最终形成一套较为成熟的方案并通过马克笔等在绘图纸上表现出来，这是对理论知识的考研更是对手上功夫的极好训练；在软件方面，笔者也接受了 Photoshop、AutoCAD、ArcGIS 等与地理、规划专业息息相关的操作类培养，信息化时代，大数据趋势不可逆转，这些专业软件为学生们配备了更高水平的技能，使其在日后的学习及工作中能更胜一筹。

除此之外，城市科学系也十分注重理论之外的实践能力。大一期间，为了巩固学生对自然地理知识的认识，整个系组织了山东烟台暑期专业实践，通过实地考察山东海岸地形地貌来巩固理论认识；大二暑假，系里组织了专业类社会调研实践活动，主要内容有实地发放调查问卷，后期数据录入分析等，根据问卷调查获取一手资料，再通过操作 SPSS 软件进行分析，从现象背后挖掘本质，锻炼学生的实践能力；大三暑期，系里以北京"三山五园"为研究对象，所有学生进行分组协作，分别对"三山五园"地区的标识、交通等情况开展实地走访调研，最终根据调研收获撰写相关调研报告，深化对研究问题的认识。总之，城市科学系十分注重综合能力的培养，以应用型人才为培养目标，做到理论与实践两手抓。

二、能力提升

在知识培养的基础之上，要想获得更大的进步，必然需要能力的再提升。在联大文理城市科学系学习的四年，系里为各位同学创造了丰富的进阶机会与平台，一方面，可以参加各类科研创新项目，譬如学校的"启明星"大学生科技创新项目、文科中心创新科研项目等；另一方面，系里还经常邀请国内外学界大咖等来校开展专业讲座，以不同的视角、前沿的认识及高水平的专业素养为大家带来别开生面的讲解，引人深思；与此同时，系里还会组织学生参与全国地理展示大赛，带领学生参加地理年会等，进一步提高了学生的专业素养与综合水平。

学校的培养在一定程度上是为后续进入社会参加工作做准备的，作为应用型学校，城市科学系也十分注重对学生工作能力的培养提升。在大四学年，学校会组织开展专业实习课程，提供给学生一些专业对口的企业平台，鼓励学生参与实习，根据工作所需增加自身所需配备的各项专业及非专业技能，以便更好地适应社会对专业人才的要求。在大学期间，笔者还通过系里老师推荐有幸去中国城市规划设计院参加实习，通过实践发现自己专业技能不足并不断利用学习提升自己，深化了对所学专业的认识，这对笔者通过考研这一途径从理科生转为城乡规划学工科生有着无比重大的意义。

综上所述，北京联合大学应用文理学院城市科学系通过十分全面综合的课程体系巩固了学生的理论基础，并利用各类实践项目提升学生的理论水平及动手能力，在做到对每一位学生负责的同时为北京市乃至全国应用型人才的培养做出了不容小觑的贡献！

第五部分　学习成果展示篇

城市规划原理❶

《城市规划原理》是人文地理与城乡规划专业的必修课程，是城市规划理论联系实践重要的教学环节，通过该课程的学习实现价值塑造、能力培养、知识传授三位一体的教学目标。自从 2000 年开设《城市总体规划》课程，历经多轮课程内容的改革与实践。

（1）产学研合作提升规划能力教学改革——村庄规划

北京联合大学与中国城市规划设计研究院城市与乡村规划设计研究所进行课程校企共建、深度产学研合作教学改革，根据校企合作项目《湖南省岳阳县城乡统筹示范区总体规划》中的规划资料和地形图，将用地规模和设计难易程度适宜的岳阳县畔湖村村庄规划设计为城市规划原理课程大作业，本次展示资源环境与城乡规划管理专业 2012 级、人文地理与城乡规划专业 2013 级和 2014 级的部分优秀学生作品。

（2）提升创新应用能力教学改革——规划课题研究

为调动学生观察城市现象、归纳城市问题、研究城市发展规律，《城市规划原理》课程持续进行提升创新应用能力的教学改革，按照"自拟选题—师生讨论确定选题—撰写立项书—开展研究—制作成果—成果汇报"流程开展小组课程作业，本次展示人文地理与城乡规划专业 2015 级和 2016 级的部分优秀学生作品。

---

❶ 北京联合大学 2018 年度教育教学研究与改革委托项目：《城乡规划原理》课程思政建设研究与实践（JJ2018Z015）的阶段性成果；北京联合大学应用文理学院 2018 年度教育教学改革项目："城市规划原理"的阶段性成果。

畔湖村村庄规划图
——临渊羡鱼

设计介绍：我们以绿色环保为主题进行规划，尊重土地可持续发展的主题，努力将畔湖村打造成为绿色稻米之乡，以休闲农业辅助，减少不必要的建设，保护原有自然资源，提高土地利用率，用绿色科技农业提高农民收入，改善生活条件。创造社会主义新农村。

规划思想："一带一体"将观光农业，采摘园，垂钓，形成一体农业。农家乐住宅区与鱼塘，林业，农田形成一带

辅导老师：杜姗姗
制作成员：李介普（详规图）
　　　　　袁　博（总规图）
　　　　　宋小雨（功能分区图）
　　　　　黄　丹（道路图）

畔湖村农家乐区区域详细规划图

图例

畔湖村村庄道路规划图　　畔湖村村庄功能分区图　　畔湖村村庄总体规划图

用地平衡表

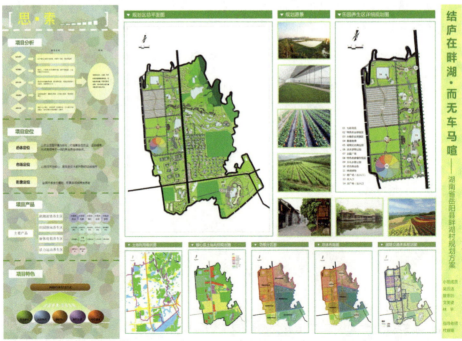

结庐在畔湖·而无车马喧——湖南省岳阳县畔湖村规划方案

思·索

项目分析

项目定位

项目产品

项目特色

规划区总平面图　　规划愿景　　田园养生区详细规划图

土地利用现状图

岳阳县麻塘镇村庄规划图

谧境乡韵 七彩畔湖

白浩杨、桑宇坤、史男、裴兴宇、陈醇、刘宗辰

娱乐休闲区详细规划图

图例

- 农田
- 林地
- 草地
- 绿篱
- 铺装
- ③ 南瓜展览中心
- ④ 停车场
- ⑤ 南瓜种植大棚
- ⑥ 酒店
- ⑦ 餐厅
- ⑧ 儿童娱乐中心
- 建筑
- 道路
- 边界
- ① 鬼屋
- ② 服务中心

娱乐休闲区以南瓜主题乐园为主体建设有万圣节主题鬼屋、3D影院、南瓜种植大棚、南瓜展览馆、南瓜主题DIY手工工厂、儿童游乐园、餐住一体化宾馆等。开展鬼屋游览、DIY制作、亭榭垂钓、亲子娱乐等活动。区内主路为环状，有效疏解车流、提高游览效率；停车场出入口为单行道，避免出入口拥挤；步道总体构成环形，周边布以绿篱植被、建筑小品，趣味丛生，一步一景。区域内布局紧凑，趣景共融，为休闲娱乐之良苑。

核心区土地利用规划图 及道路交通体系规划图

图例

- 农田
- 水域
- 回迁区
- 科教文卫
- 停车场
- 公益林
- 宗教用地
- 商业用地
- 公共娱乐休闲
- 道路
- 旅游接待

土地利用现状图

功能分区图

畔湖村西临洞庭湖，是位于岳阳市与岳阳县之间的一个湖乡绿地。有岳阳市的优质客源作为保障，依托便捷的公路交通，我们为畔湖村打造了以城镇居民为主要服务对象的七彩游憩主题配合各个功能分区。七彩即为：草莓红、南瓜橙、稻谷黄、菜蔬绿、寺院青、湖韵蓝、葡萄紫。

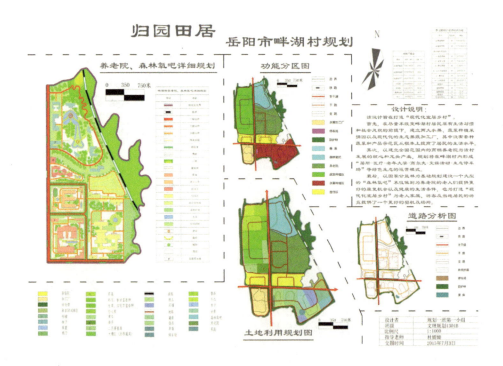

归园田居

岳阳市畔湖村规划

养老院、森林氧吧详细规划

功能分区图

道路分析图

土地利用规划图

设计说明：

该设计旨在打造"现代化宜居乡村"。

首先，在尊重并发扬畔湖村居民原有生活习惯和社会全民视的前提下，建立两大水库，蔬菜种植园以及现代化的无毒菜蔬加工厂。其中注重种蔬菜和产品示范区，从根本上提高了居民的生活水平。

其次，以建立全国范围内的高档养老院为该村发展的核心和主导产业。规划将在畔湖村内形成"居所-医疗-老年大学-图书-文娱活动-老年停车场"等特色无毒的运营模式。

最后，以国家安全林为基础规划建设一个大型的"森林氧吧"不仅顺利为养老院的老人们提供良好的康复机会及休闲的条件，也为打造"现代化宜居乡村"冷添加浓墨，诠释及锦地居民的互相锦旗了一个美好的锦机安宁。

设计者	规划一班第一小组
	文理地理1301B
比例尺	1：1000
指导老师	杜姗姗
交图时间	2015年7月3日

功能分区图

▼特色主题民宿区详细规划

比例尺：1：200   北

1 主题1：生态风情   2 主题：童话世界（亲子民居）   4 主题：湖泽畅想   6 主题：田园乡村
3 主题：异国风情   5 主题：欢乐牧场

道路规划图

景观分析图

设计说明：本次校区规划设计以打造生态休闲农业为主要目标，以畔湖村的整体开发，把畔湖村打造成一个产、生态、生活"三生"一体的特色生态休闲农业旅游村。本次设计以功能分区为核心，重要分布着10个不同功能的区。

用地平衡表

生产·生态·生活"三生"一体   湖南省岳阳市岳阳县畔湖村村庄规划设计
DESIGN OF PANHU VILLAGE

小组成员：黎嘉妍 余攀 龙美欣
班级：文理规划1401B
指导老师：杜娴姗

畔湖村规划设计 —— 畔湖风情 悠然雅致

本项目以群山为依托，体现畔湖村的旅游文化，营造和谐生态的景观环境和全方位的文化体验为特色，融入现代时尚休闲度假概念，形成集温泉度假、酒店住宿、商务会议、康体疗养、休闲娱乐等功能为一体的生态景区度假胜地。

度假区的规划以尊重现状自然环境为前提，规划时强调以人为本的完美服务流程及客户体验感，创造出一个全年性的多层次、多品位、参与性强的森林旅游度假区。为高端人士开辟一片充满活力、新奇、愉悦的度假天堂，拉动岳阳旅游发展的新契机，缔造岳阳一流的回归自然的生态森林度假王国。

1 星级酒店   2 水上乐园   3 中心广场   4 高档别墅   5 中档别墅   6 体育场   7 休闲会所   8 花径

土地利用规划图

功能分区图

班级：文理规划1402B
指导教师：杜娴姗
设计者：闫雨、曹子涵、孙瑜婧、王凯琳

道路规划示意图

度假村详细规划图

设计说明

　　畔湖村是位于岳阳市与岳阳县之间的一个湖乡秘境，该村依山畔湖而建，村内风光秀丽、景色怡人，生态系统功能完善，交通便利。我们根据其特有的区位优势，结合农业开发、旅游观光、度假休闲和文化体验等项目，在维护原有生态环境的基础上，全力打造一个大型生态综合性旅游度假村，让游客们在旅游观光时全身心的放松和享受自然风光。

"行路难，今安在？"：街道步行舒适度研究

——以北京海淀成府路为例

WALKABILTY

1·选题背景

1.1 城市整体的步行性缺失

1.2 城市道路的活力不足

2·研究对象

3·研究目的与意义

3.1 研究目的

3.2 研究意义

4·方案设计与实施流程

4.1 问题提出

4.2 国内外相关研究

4.3 问题分析

1）实地调研
2）预调研
3）设计分发问卷 1
4）分析回收问卷 1 结果
5）设计分发问卷 2
6）分析问卷 2 结果

5·结论总结与未来展望

5.1 研究结论

景观设计

    《景观设计》是人文地理与城乡规划专业的选修课程，重点讲授城市园林绿地系统规划与设计、基本原理和基本方法，培养学生用城市园林绿地规划的基本方法去分析、研究问题，同时加强学生们的动手绘图和初步方案设计的能力。本次展示城市街头带状绿地景观设计和居住区景观设计的部分优秀学生作品。

居住区绿地景观设计

居住区绿地景观设计

居住区景观设计

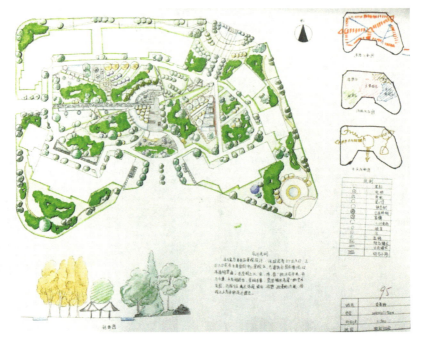

▽街道景观设计

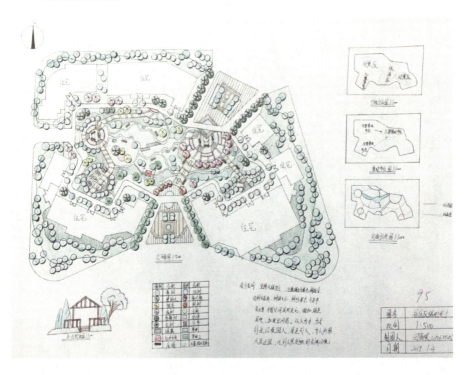

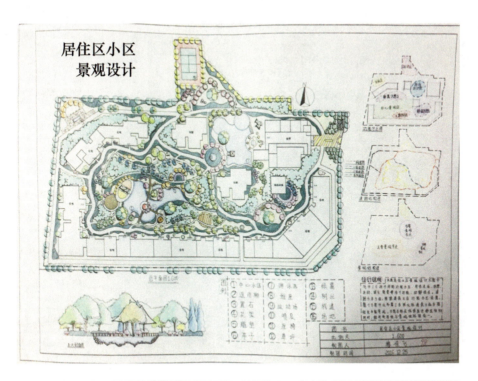

居住区小区
景观设计

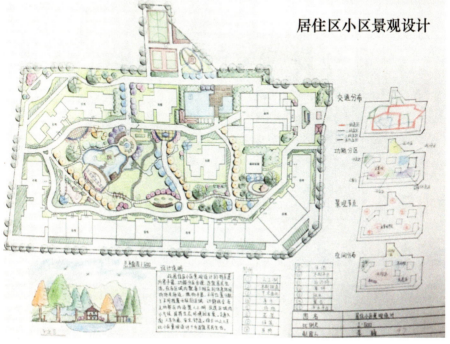

居住区小区景观设计

景观设计

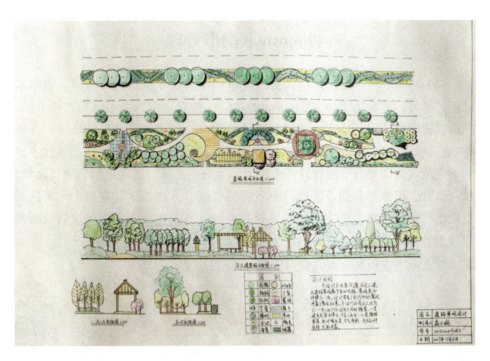

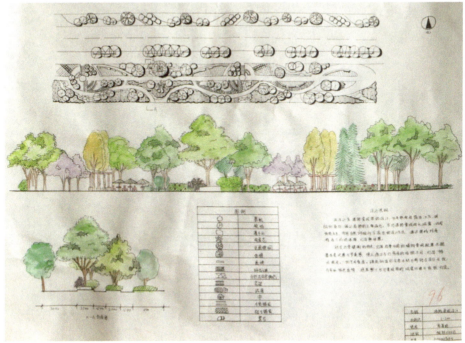

Photoshop 图形处理

《Photoshop 图形处理》是人文地理与城乡规划专业的选修课程，通过本课程的学习，使学生了解 Photoshop 的功能、特点、概念、术语和工作界面，熟练掌握图像编辑、通道、图层、路径的综合运用和图像色彩的校正、各种特效滤镜的使用、特效字的制作和图像输出与优化等方法和技巧；掌握一定的平面图像处理力与平面设计能力，为学生进一步学习城市规划、建筑设计、景观设计、培养创新创业思维打下坚实的基础。本次展示北京市十大景区景点旅游资源分布图、居住区绿地景观效果图、北京联合大学文理学院校园景观改造的部分优秀学生作品。

▽北京市十大景区景点旅游资源分布图

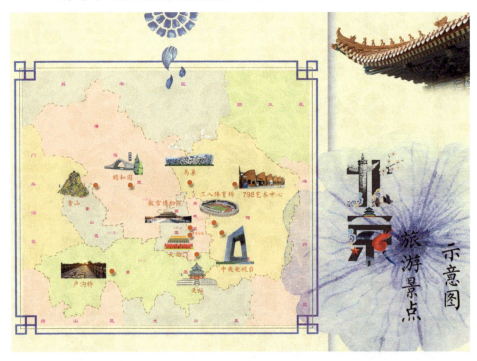

▽ 居住区绿地景观效果图

▽ 北京联合大学文理学院校园景观改造

城市设计

　　《城市设计》是人文地理与城乡规划专业的专业选修课程。通过本课程的学习，使学生了解城市设计的概念与地位、城市设计的性质与任务，掌握城市设计的基本原理和初步的设计技能，熟悉城市设计与城市规划、建筑设计的关系，了解国内外城市设计的发展趋势，并具备初步从事城市设计编制和研究任务的能力。

　　本课程通过对大学新校区进行规划设计，培养学生掌握城市设计的操作程序与步骤，掌握不同规模层次、典型类型的城市空间设计的基本技能，提升学生在城市设计实践中的实际分析能力与综合表现能力。

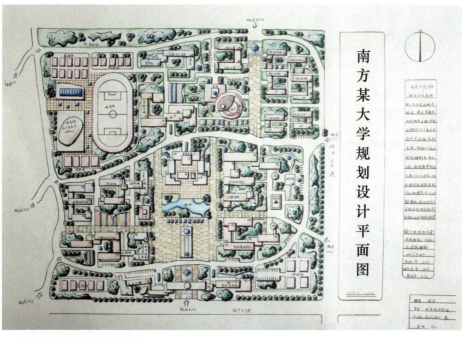

南方某大学规划设计平面图

大学校园设计

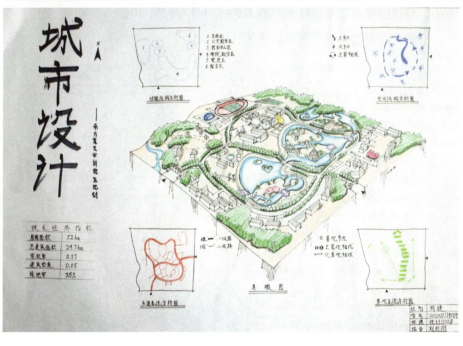

城市规划设计与表现

　　《快速设计与表现》是人文地理与城乡规划专业的集中实践课程，是市级精品课程《城乡规划管理综合实践》的重要内容，要求学生面对一个相对完整的规划地段，在较短的时间内快速解读题目和任务要求，明确设计目标和概念，完成设计构思和空间方案，并通过简明直观的分析图解和准确有效的图纸表现传达设计构想。本课程以"西安高新区木塔寺地段城市设计"为规划设计任务，要求凸显古都西安的文化内涵和高新区的区位优势，构建合理的城市功能和城市空间，实现与相邻区域的联动，进一步塑造和深化西安高新区的城市形象。

　　本课程强调以创造性思维训练为基础，把方案设计过程看成创造性设计思维及思维成果的图面表达过程。通过本次集中实践课程，加强了学生的城市规划方案快速设计与表现能力，有利于形成适合于自己的设计方法与表现方法，对学生城乡规划设计实践能力的提升具有积极作用。

　　▽西安高新区木塔寺地段城市设计

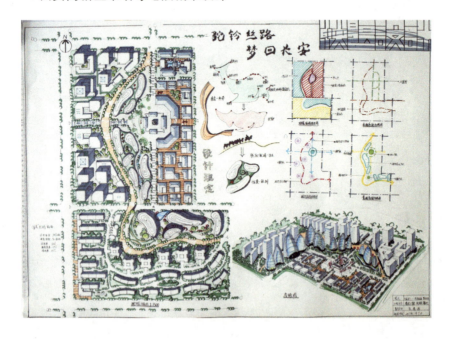

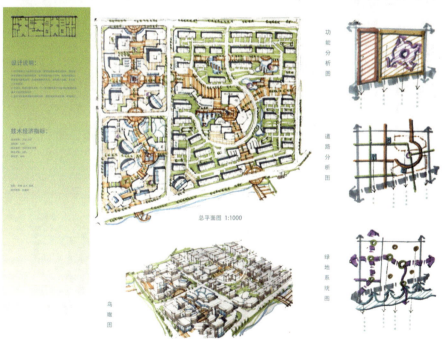

总体规划平面图　　　　　　　　　　　剖面图　　梅河图

制图人：李安琪 季晓染 蔡晨 郭一鸣 徐天慈 张虹静雯 王宇佳 郑艳菲 丁怡

制图人：

李安琪 季晓染 蔡晨

郭一鸣 徐天慈

张虹静雯 王宇佳

郑艳菲 丁怡

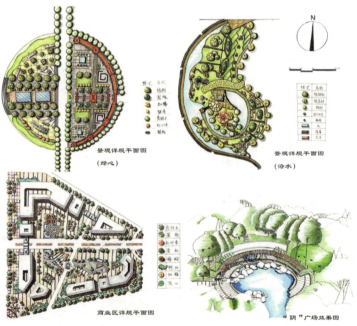

景观详规平面图
（绿心）

景观详规平面图
（沿水）

商业区详规平面图

"阴"广场效果图

后　　记

　　《地理学本科专业教育教学改革探索之路》是国家级特色专业建设点、北京市级特色专业——北京联合大学人文地理与城乡规划专业，以及北京联合大学地理信息科学专业的全体教师 40 年不断探索教育、教育改革和专业建设的一本论文集。收编的论文聚焦在近年来专业建设秉承"教育为本"，"立德树人见成效"理念，落实课程思政和"+文化"的在教育教学改革、课程思政、课程建设、学生评教和学习成果展示等 5 大方面的成果总结。

　　论文集的出版得到北京联合大学人文地理与城乡规划专业、地理信息科学专业的专业建设经费资助，得到北京联合大学人才强校优选计划（项目号BPHR 2017EZ01）支持。